남북 언어의 어휘 단일화

서울대학교통일학연구총서 22
남북 언어의 어휘 단일화

초판 1쇄 인쇄 2014년 10월 15일
초판 1쇄 발행 2014년 10월 20일

지은이 권재일
펴낸곳 서울대학교출판문화원
펴낸이 성낙인

책임편집 전수형
디자인 최선아

출판등록 제15-3호

주소 151-742 서울 관악구 관악로 1
대표전화 02-880-5252 | **팩스** 02-888-4148
마케팅팀(주문상담) 02-889-4424, 02-880-7995
이메일 snubook@snu.ac.kr
홈페이지 www.snupress.com

ISBN 978-89-521-1651-2 94710
978-89-521-1029-9 (세트)

서울대학교통일학연구총서 22

남북 언어의 어휘 단일화

권재일 지음

서울대학교출판문화원

The Unification of South and North Korean Vocabulary

Kwon Jae-il

Seoul National University Press

서울대학교통일학연구총서를 내면서

냉전체제가 와해되고 남북교류가 증대하면서 21세기 한반도의 창조적 미래구상이 절실히 요청되고 있다. 우리의 희망과는 달리 남북관계는 여전히 불안정하고 국제정세 또한 유동적이지만, 상호적대적인 분단체제는 더 이상 유지되기 어려운 상황임이 분명하다. 민주화와 경제발전을 성공적으로 이룩한 우리 사회의 역량을 바탕으로 이제 통일한국의 미래를 기획하고 추진하는 일이 핵심적인 시대적 과제로 부각되고 있다.

어떤 형태의 통일이 바람직할 것인가에 대해 완전한 합의를 얻기는 쉽지 않다. 통일이 이루어질 시기를 예측하기도 어려우며, 통일 과정이 반드시 점진적이거나 평화적일 것이란 보장도 없다. 우리가 원치 않는 방식으로 통일문제에 맞부딪치게 될 가능성도 얼마든지 있다. 그럼에도 불구하고, 아니 그렇기 때문에 통일에 대한 연구는 더욱 총체적인 시야에서 체계적으로 이루어져야 한다. 실제로 통일 과정에 돌입했을 때 그 전 과정을 적절히 관리할 역량이 갖추어지지 못하면 오히려 심각한 갈등과 후유증을 겪을 우려가 크기 때문이다.

통일 논의가 구체화되고 정책적 실현가능성이 높아질수록 그에 적합한 전문성과 책임성을 갖추기 위해 노심초사해야 하는 것이 한국 지식인의 책무일 것이다. 반세기 이상 남북한 주민들이 경험해 온 상이한 제도와 관행을 적절히 통합하고 전쟁의 상처와 오랜 대립에서 비롯되는 적대감과 이질성을 극복하기 위해서는 고도의 전문성과 기획력이 무엇보다도 필요하다. 한반도 통일을 바람직한 동북아 지역질서와 연계시키고 보다 나은 공동체를 구현하는 일도 지식인들의 높인 식견과 섬세한 대응역량이 없이는 불가능하다.

서울대학교는 2003년부터 통일학 연구 지원 사업을 시작하였고, 우리 사회의 지적 대응능력을 키우는 데 진력하고 있다. 서울대학교의 통일연구사업은 북한에 대한 지역연구 차원을 넘어서 통일 과정 전반에서 고려되어야 할 쟁점들을 학제적으로 분석하는 데 목적을 둔다. 따라서 정치, 경제, 사회, 역사, 문화, 환경의 영역은 물론이고 농학과 의학, 과학기술과 예술 및 체육에 이르기까지 광범위한 영역을 포괄한다. 이 일을 총괄하는 서울대학교 통일평화연구원은 국내외의 연구기관 및 연구자들과 교류하면서 종합학문으로서의 통일학을 정립하고자 애쓰고 있다.

서울대학교통일학연구총서는 이러한 학문적 노력의 결실이다. 이 신서가 우리 시대 최대의 과제인 분단극복과 통일한국을 향한 역사적 장정에 긴요한 지적 자산이 되기를 기대한다. 또한 소모적인 이념 논란을 지양하고 창조적인 대안과 정책적 지혜를 탐색하는 이성적 도구로 활용되기를 바란다. 끝으로 통일 연구의 시대사적 중요성을 인식하고 서울대학교 통일연구사업의 제도적 바탕을 마련해 주신 정운찬 전 총장님과 변함없이 이 연구사업을 지원, 격려해 주신 이장무 전 총장님, 그리고 종전의 통일평화연구소를 통일평화연구원으로 승격하여 새로운 도약과 발전의 기틀을 마련해 주신 오연천 총장님께 깊은 감사를 표한다.

2011년 9월
서울대학교 통일평화연구원

머리말

민족은 언어를 전제로 한다. 오랜 역사를 함께해 온 우리 민족은 전통에 뿌리 깊은 우리말을 고이 간직해 왔다. 일본 식민 통치의 수난 속에서도 우리말을 꿋꿋하게 지켜 왔다. 그러나 불행히도 우리는 정치적 분단으로 칠십 년간 남북이 갈려 서로 다른 언어정책으로 언어생활을 이끌어 왔다. 그 결과 우리말과 우리글은 조금씩 다른 모습으로 바뀌어 오늘에 이르렀다. 따라서 민족과 민족 문화의 동질성을 회복하기 위해서는 언어의 단일화와 보전이 절대로 필요하다. 이 연구는 이러한 뜻에서 그동안 남북한이 어휘 단일화를 위해 노력한 활동을 살펴보고, 그 노력의 성과와 한계를 분석하여, 앞으로 전개될 어휘 단일화의 과제와 방향을 제시하는 것을 목표로 한다.

남북한은 광복 이후 사회제도의 차이에 의해, 그리고 말다듬기를 서로 달리해서 어휘가 달라졌다. 이와 같이 차이 나는 남북한 어휘는 지금의 남북 교류는 물론 앞으로의 남북통일에 대비하여 반드시 단일화되어야 할 필요성이 절실하다. 이러한 단일화는 언어가 의사소통의 원활한 도구로서 그 기능을 다하게 한다는 점에서도 의의가 있고, 민족 문화를 반영하고 있는 한국어를 제대로 보전해 가는 데에도 의의가 있다. 따라서 남북한 어휘 단일화에 대한 연구는 남북한의 교류와 협력을 위하여, 그리고 통일 이후에 전개될 민족 언어의 통합을 위해 관심을 높일 필요가 있다 하겠다.

이를 위하여 이 연구는 구체적으로 다음과 같은 내용을 고찰하고자 한다. 먼저 남북 언어 차이를 음운, 문법, 어휘, 화법 그리고 어문규범의 측면에서 살펴보고, 그 가운데 어휘 차이의 유형을 분석하고자 한다. 다음으로는 남북한에서 그동안 이루어진 어휘 다듬기 활동에 대하여 구체적으로 살펴보고자 한다.

그리고 남한과 북한이 함께 어휘 단일화를 위해 노력한 활동을 살펴보고 그 성과와 의의를 논의해 보기로 한다. 그간 남한의 국립국어연구원/국립국어원과 북한의 사회과학원 언어학연구소 사이에 여러 차례 학술회의가 열렸다. 학술대회에서는 주로 어휘에 관한 논의가 이루어졌다. 따라서 이 두 기관이 참여한 남북한의 어휘 단일화 논의를 먼저 살펴보고자 한다. 이어서는 『겨레말큰사전』 편찬에 대해 살펴보고자 한다. 『겨레말큰사전』 편찬이야말로 남북한 언어학자들이 여러 차례 직접 만나 논의한 어휘 단일화의 대표적인 성과이다. 아직 마무리되지는 않았지만, 남북한 언어 교류, 좁게는 어휘 단일화 교류의 큰 성과라 평가할 수 있겠다. 남북한의 언어 정책기관이 서로 만나 어휘 단일화를 논의하고, 『겨레말큰사전』 편찬을 통해 어휘 단일화를 실현하는 것은, 어느 날 우리 앞에 나타날 국토, 정치, 경제 통일의 날에 바로 활용할 수 있는 남북한의 언어규범을 미리 준비해 두는 것으로, 값으로 따지기 어려운 언어학적인 의의일 것이다. 이 연구의 궁극적인 의의는 바로 여기에 있는 것이다.

준비된 통일은 우리에게 희망을 넘어 축복이 될 수 있지만, 준비되지 않은 통일은 혼란을 넘어 재앙이 될 것이다. 통일에 대한 준비는 모든 분야에서 추진되어야 하지만 그 가운데 시급한 것이 동질성을 회복하는 일이며, 동질성을 회복하는 일 가운데 가장 앞에 두어야 할 과제가 언어의 통일이라 생각한다.

이 책의 초고를 읽고 여러 유익한 의견을 제시해 주신 심사위원, 그리고 통일학 기초연구 심포지엄에서 귀한 말씀으로 토론해 주신 조오현 선생님, 기회 닿을 때마다 남북 어휘 단일화에 대해 귀한 자료를 제공해 주시고 소중한 도움말씀을 해 주신 최호철 선생님, 조재수 선생님, 한용운 선생님께 감사한다. 이 책은 서울대학교의 통일학·평화학 연구지원사업의 지원으로 연구되었다. 연구의 계기를 마련해 준 서울대학교 통일평화연구원과 책을 펴내 준 서울대학교출판문화원에 감사한다.

2014년 9월

권재일

차례

제1장

연구 개관

남북한은 분단 이후 일상 생활용어로부터 전문용어에 이르기까지 상당수 어휘가 달라졌다. 그것은 여러 원인에 근거한 것이지만 앞으로 남북교류와 남북통일을 앞두고 단일화해야 할, 남북 언어에 있어 가장 절실한 과제이다. 그간 남북한은 정부 차원에서 또는 민간 차원에서 이러한 어휘 단일화의 노력을 기울여 온 바 있다. 그 결과 어느 정도 성과를 이루기도 하였고 또한 아직은 그 성과가 현실화되지 못한 점도 있다. 이러한 상황에서 이 연구는 그동안 남북한이 어휘 단일화를 위해 노력한 활동을 살펴보아 그 노력의 성과와 한계를 분석하여 앞으로 전개될 어휘 단일화의 과제와 방향을 제시하는 것을 목표로 한다.

광복 이후에 생겨난 말 가운데서 남북한 어휘는 차이를 보인다. 어린이들 말의 가위바위보를 북한에서는 '돌가위보'라 한다. '에어컨(남한말)－풍기(북한말), 카스텔라－단설기, 고정자산－고정폰드, 피망－사자고추, 민간요법－토법, 양배추－가두배추, 굴삭기－기계삽' 등도 그러하다. 이처럼 남북한의 어휘는, 대체로 광복 이후에 생겨난 말 가운데 다른 것이 있는 셈이다.

광복 이후에 다음 몇 가지 이유로 남북한의 어휘가 서로 달라졌다. 먼저 사회제도의 차이에서 오는 것이다. '인민, 동무, 아바이' 등의 의미와 사용이 달라졌다. 또 말다듬기를 서로 달리해서 달라진 경우가 있고, 다음 예와 같이 서로 다르게 외래어를 표기한 경우도 있다. '백신(남한말)－왁찐(북한말), 마이너스－미누스, 트랙터－뜨락또르, 토마토－도마도, 컴퓨터－콤퓨터, 로켓－로케트, 달러－딸라, 캠페인－깜빠니야, 마라톤－마라손, 베트남－윁남'.

이와 같은 남북한 어휘의 차이는 지금의 남북교류는 물론 앞으로의 남북통일에 대비하여 반드시 단일화되어야 할 필요성이 절실하다. 이러한 단일화는 하나의 언어가 의사소통의 원활한 도구로서 그 기능을 다하게 한다는 점에서도 의의가 있고, 민족 문화를 반영하고 있는 한국어를 제대로 보전해 가는 데에도 의의가 있다. 따라서 남북한 어휘 단일화에 대한 연구는 남북한 언어 연구의 교류와 협력을 위하여, 그리고 통일 이후에 전개될 민족 언어의 통합을 위해 관심을 높일 필요가 있다 하겠다.

이를 위하여 이 연구는 구체적으로 다음과 같은 내용을 고찰하고자 한다. 제2장에서는 남북 언어 차이를 음운, 문법, 어휘, 화법 그리고 어문규범의 측면에서 살펴보고, 그 가운데 어휘 차이의 유형을 분석하고자 한다. 어휘 차이의 유형을 남한말을 기준으로 북한말이 달라진 원인별로 분석한다. 구체적으로는 남한의 표준어가 아닌 북한의 방언을 문화어로 삼은 경우, 남한에서도 쓰고 있으나 북한에서 다른 의미로 쓰는 경우, 남북 분단 이후에 북한에서 새로 다듬은말과 외래어의 경우로 나누고자 한다.

제3장에서는 남북한에서 그동안 이루어진 이러한 어휘 다듬기 활동에 대하여 살펴보고자 한다. 광복 후 남북한은 각각 우리말의 어휘 다듬기 활동을 전개하였다. 일제강점기 때 우리말에 스며든 일본말 전재를 청산하는 것이 첫째 과제였으며, 나아가서 의사소통에 장애가 되는 어려운 한자어를 쉬운 말로 다듬는 것이 둘째 과제였다. 그리고 무분별하게 들어오게 되는 외래어를 쉬운 토박이말이나 한자어로 바꾸는 것 역시 어휘 다듬기

의 주요 과제였다. 물론 이들 활동은 남북한의 어휘 단일화를 염두에 둔 활동은 아니었다. 그러나 이들 활동의 결과물은 장차 남북한 어휘 단일화의 소중한 자료가 되는 것이다.

우리말 어휘 다듬기 활동을 주로 정부기관이 중심이 되어 적극적으로 추진한 북한과는 달리 남한에서는 정부기관뿐만 아니라 민간단체에서 전개하여 왔다. 어휘 다듬기 활동은 민간단체인 한글학회가 주로 수행해 오다가, 정부에 문화부가 신설되고 거기에 국립국어연구원(지금의 국립국어원)이 설치되면서 그 활동을 수행하였다. 또한 남한은 느슨하게 어휘 다듬기 활동을 전개한 것에 비해 북한은 정부기관의 강력한 의지로 어휘 다듬기 활동을 전개하였다. 물론 남한은 민간단체에서 시작한 일이었기 때문에 다듬은말을 보급하는 데에 근본적으로 한계가 있었지만, 북한은 처음부터 정부기관에서 추진하였기 때문에 보급하는 데 훨씬 더 적극적이었다.

제4장에서는 그간 남한과 북한이 함께 이 과제를 위해 노력한 활동을 살펴보고 그 성과와 의의를 논의해 보기로 한다. 남한의 국립국어연구원/국립국어원과 북한의 사회과학원 언어학연구소 사이에 여러 차례 학술회의가 열렸다. 학술대회에서는 주로 어휘에 관한 논의가 이루어졌다. 따라서 이 두 기관이 참여한 남북한의 어휘 단일화 논의를 먼저 살펴보고자 한다. 이어서는 『겨레말큰사전』 편찬에 대해 살펴보고자 한다. 『겨레말큰사전』 편찬이야말로 남북한 언어학자들이 여러 차례 직접 만나 논의한 어휘 단일화의 대표적인 성과이다. 아직 마무리되지는 않았지만, 남북한 언어학 교류, 좁게는 어휘 단일화 교류의 큰 성과라 평가할 수 있겠다. 그리고 컴퓨터 정보 처리 분야에 대한 남북한 사이의 어휘 단일화 노력, 체육 용어에 대한 남북한 사이의 어휘 단일화 노력에 대해서도 살펴본다. 전문용어 가운데 교과서 어휘, 무역 관련 어휘의 단일화를 위한 연구에 대해서도 살펴본다.

남북한의 언어기관이 서로 만나 어휘 단일화를 논의하고, 『겨레말큰사전』 편찬을 통해 어휘 단일화를 실현하는 것은, 어느 날 우리 앞에 나타날 국토, 정치, 경제 통일의 날에 바로 활용할 수 있는 남북한의 어휘규범을 미리 준비해 두는 것으로, 값으로 따지기 어려운 언어학적인 의의일 것이다. 이 연구의 궁극적인 의의는 바로 여기에 있다고 하겠다.

이를 위해 제5장에서는 남북 언어의 어휘 단일화를 위해 앞으로 전개해야 할 바람직한 방향을 제시하고자 한다. 가장 중요한 것은 남북한 모두에 현실성이 있어 사용 가능한 어휘로 단일화하여 제시하는 일과 그리고 이를 실천할 수 있는 남북한 사이의 공통된 인식일 것이다.[1]

---

1 이 글에는 필자의 앞선 연구인 권재일(2006 및 2012)에서 직접 인용한 부분도 있으며, 어휘 자료에 있어서는 북한 사회과학원 언어학연구소에서 발간한 『조선어학전서』 각 권, 그리고 맨 뒤에 제시한 참고문헌의 논저에서 인용한 내용도 여럿 있다. 따라서 앞선 연구의 모든 필자께 감사한다. 그러나 북한말 자료와 북한사전의 뜻풀이에 대해 일일이 그 출처를 밝히는 것은 생략한다.

제2장

남북 언어 차이와 어휘 차이의 유형

1. 개관

우리는 가끔 방송 뉴스에서 북한 사람의 말을 듣고는 한다. 남한말과 북한말의 차이가 의사소통이 안 될 정도일까? 그렇지 않다. 상당 부분 남북의 언어 구조는 같고, 얼마간의 어휘 차이가 있을 정도라는 것이 정확한 표현이다.

다음 글은 북한 사회과학원 언어학연구소 문영호 소장이 학술토론회에서 발표한 말을 옮긴 것이다. 남한말과 얼마나 다를까? 보다시피 의사소통에 아무런 지장이 없다.

> 현시기 언어분야에서 민족성을 고수하는 문제는 민족어의 고유성과 우수성을 지켜나가는 근본 원칙으로 될뿐아니라 민족의 자주성과 존엄을 높이고 북남사이의 언어적차이를 줄이는 기본방도로 됩니다. 우리 말과 글의 민족성을 특징짓는 가장 중요한 언어 수단은 우리 겨레가 오랜 옛날부터 창조발전시켜온 민족어 유산에 집중적으로 반영되여있습니다. 일반적으로 민족어유산이라고 하면 오랜 력사적기간에 창조 계승하여온 인민대중의 언어문화적 재부를

가리킬수 있으나 우리는 여기에서 주로 묻혀있는 입말원천을 중심에 놓고 론하게 됩니다. 다시말하여 서사어로서는 정리되지 않아 문헌에서도 잘 쓰이지 않거나 국어사전에도 등록되지 않은 입말형태의 좋은 고유어원천을 좁은 의미에서 민족어 유산이라고 하기로 합니다. 그러한 민족어유산가운데는 방언, 민속어휘, 동식물이명과 속칭, 현장용어, 사회계층별생활어, 속어 등 여러 분야의 각이한 지역과 계층에 분포되여있는 입말고유어들입니다. 우리는 민족어유산을 발굴정리하는 어렵고 방대한 사업을 실속있게 진척시켜나감으로써 겨레앞에 지닌 자기의 책임을 다해야 할것입니다.

그런데 다음 몇 단어를 살펴보자. '박띠'가 무엇일까? 필자가 처음 북한 비행기인 고려항공을 탔을 때 '걸상띠를 매시오'라 되어 있어 쉽게 이해되었었는데, 그 이듬해 다시 고려항공을 탔을 때는 '박띠를 매시오'라 되어 있어 얼른 이해되지 않았다. 알고 보니 박띠의 '박'은 '동여맬 縛'이었다. 이처럼 분단 이후에 생겨난 말에서 남북 언어는 차이를 보인다.

이러한 단어뿐만 아니라 발음에서도 차이가 보인다. 필자는 남북 언어학자 학술토론회에서 하루 종일 대화하면서 성 선생으로 알고 있었던 북한 학자가 자기 이름을 직접 쓰는 것을 보고서야 송 선생인 것을 안 적이 있다. 북한이탈주민 가운데 토끼탕 전문 음식점을 하는 가족이 있었다. 음식점 이웃에 있는 영등포구청에 개업 인사를 갔다가 혼난 적이 있었다고 한다. 자기는 토끼탕이라 했는데, 듣고 있던 공무원들은 '터키탕'으로 알아듣고, 불법 영업이라 했단다. 이처럼 발음도 조금씩 변화하였다.

이러한 남북 언어의 달라짐에 대한 개념을 남기심(2002)에서 인용해 보자. 이 글은 2001년 중국 베이징에서 당시 국립국어연구원이 주관하여 개최한 남북 언어 동질성 회복을 위한 제1차 국제학술회의에서 남한 대표로 기조 연설한 내용이다.

> 예부터 남이나 북에 여러 지역 방언이 있었다. 이런 방언적 차이를 이질화라 할 수 있는가? 동일한 언어가 지역 간의 교류가 끊김으로써 이질화하여 분화되기에 이르는 것은, 음운 체계의 변화, 문법의 변화로 인하여 어휘의 발음 구조가 달리지고 문장 구성 방법이 달라지며, 어휘 체계도 달라져서 의사소통이 불가능해지는 경우를 말한다. 현재 남북 간에는 의사소통에 지장이 될 정도의 심각한 이질화는 없다. 다시 말하면 현재 남북 간의 언어 사이에는 심각한 음운 체계상의 변화도 없고, 문법상의 차이도 없으며, 어휘 체계상의 차이도 크지 않다.

근본적으로 남북의 언어 구조는 다른 것이 아니라 같다는 사실에 주목해야 함을 강조하고 있다. 남북 언어의 달라짐은 언어 구조 전체에 비하면 지극히 부분적이라는 점을 인식해야 한다는 것이다. 이제 제2장에서는 남북의 언어 차이를 음운, 문법, 어휘, 화법 그리고 어문규범의 측면에서 살펴보고, 그 가운데 어휘 차이의 원인을 유형별로 분석하고자 한다. 어휘 차이의 유형을 남한말을 기준으로 북한말이 달라진 원인별로 분석한다. 구체적으로는 남한의 표준어가 아닌 북한의 방언을 문화어로 삼은 어휘, 남한에서도 쓰고 있으나 북한에서 다른 의미로 쓰는 어휘, 남북 분단 이후에 북한에서 새로 다듬은말과 외래어로 나누고자 한다.[1]

1 남북 언어 차이에 대한 기술은 선행 연구인 권재일(1991 및 2006) 참조. 그리고 어휘 차이에 대한 기술은 김민수(1995 및 1996), 남기심(2002), 곽충구(2001) 참조. 특히 화법 차이에 대해서는 신명순 외(2012) 참조.

2. 언어 차이의 실태

1) 음운

자음과 모음을 포함한 음소 체계에 있어서 남북 언어를 대조해 보면 큰 차이가 없다. 원래 음소 체계란 짧은 기간에 쉽사리 바뀌는 것이 아니기 때문에 당연한 귀결이다. 남북 언어 다 같이 19 자음체계와 10 단모음 체계를 가진다. 다만, 단모음 가운데 '외, 위'를 남한의 표준발음법에서 이중모음으로도 발음할 수 있다고 규정한 데 비해, 북한 발음법에서는 '위'를 어떤 환경에서나 단모음으로 발음하는 것을 원칙하고 있어 이 점이 서로 다르다. 그리고 운소에 있어서는 원래 남북의 방언적 차이가 있었지만, 북한말에서는 운율 요소로서 '단어발음에서의 높고낮음과 길고짧음, 문장의 발음'을 강조하고, 특히 문장의 발음 요소로 '높낮이선, 률동, 문장의 소리마루, 끊기, 속도, 소리빛갈' 등을 제시하여 이것이 남한의 음운 기술과 큰 차이를 보이는 부분이다.

남북 언어의 음운변동 현상도 실제 큰 차이가 없지만, 두음법칙에 있어서는 양상이 다르다. 왜냐하면 북한말에 있어서는 광복 후 두음법칙 현상을 없애는 것을 규범으로 정했기 때문이다. 물론 남한말에서도 외래어 수용에서는 두음법칙을 적용하지 않고 있다. 북한의 발음법 규정에 따르면, 한자어는 음절마다 한자어의 현대 소리에 따라서 발음하는 것을 원칙으로 하여, 'ㄹ'은 모든 모음 앞에서 'ㄹ'로(예: 로동), 'ㄴ'은 모든 모음 앞에서 'ㄴ'으로(예: 녀자) 발음하는 것을 원칙으로 한다.

'ㄷ'과 'ㅌ'의 구개음화 현상은 남북 언어 모두에 나타난다. 과거 평안방언은 실제 구개음화가 나타나지 않았으나(예: 뎐깃불, 툫다), 현재 북한말에서는 구개음화를 적용하여 '전깃불, 좋다'로 발음하고 있다. 구개음화 현상을 통해 볼 때, 북한의 문화어가 평양말을 근간으로 했다 해도, 평안

방언을 그대로 반영한 것이 아니라, 남한의 표준어를 근간으로 하고 있음을 확인할 수 있다.

결국 남북 언어의 음운 차이는 광복 후 북한의 어문규범 개정의 결과인 두음법칙 현상으로 귀착된다고 하겠다.

2) 문법

남북 문법은 음운과 마찬가지로 원래 같은 언어에 기반을 둔 만큼 다를 수가 없다. 그러나 규범문법 기술에 관한 한, 몇 가지 차이가 드러난다.

먼저 조어론(북한말로, 단어조성론)을 보면, 남한 문법이나 북한 문법 모두 복합어를 구성하는 방법은 기본적으로 파생법과 합성법(북한말로, 합침법)으로 기술하고 있어 공통적이다. 다만 파생어나 합성어가 다시 파생하거나 합성하는 것을 남한 문법에서는 겹침에 의한 파생어, 겹침에 의한 합성어로 기술하고 있지만, 북한 문법에서는 이를 묶어 배합법이라는 명시적인 범주를 따로 제시하여 기술하고 있다. 2종배합법, 3종배합법이 그 예이다.

품사 분류를 보면, 북한 문법은 다음과 같이 8개의 품사를 두고 있다. '명사, 수사, 대명사, 동사, 형용사, 관형사, 부사, 감동사'. 남한 문법과의 차이점은 조사가 빠진 것이다. 조사는 체언에 참여하는 문법형태로 용언에 참여하는 문법형태(남한의 어미)와 동등하게 품사의 자격을 주지 않는 것이다. 따라서 이들을 묶어 '토'라는 범주를 설정한다. 북한 문법에서 토의 범위를 처음에는 격조사와 보조조사로 한정하였으나 이어서 용언의 어미 및 사동과 피동의 접미사까지 확대시켰다. 이러한 토는 체언토, 용언토, 바꿈토로 체계화하는데, 그 가운데 용언토는 다시 맺음토, 이음토, 꾸밈토, 얹음토, 존경토, 시간토, 상토로 체계화한다. 맺음토에는 말법과 말차림의 범주를 설정한다.

문장성분을 보면, 남북 문법 모두 서술어(북한말로, 술어)를 중심으로 문장성분을 기술한다. 그러나 남한은 서술어를 중심으로 하되, 7개의 문장성분을 설정하고 있다. 크게 주성분, 부속성분, 독립성분으로 나누어, 주성분에는 서술어를 기본으로 하고, 이에 이끌리는 주어, 목적어, 보어를 설정한다. 부속성분에는 관형어와 부사어를, 독립성분에는 독립어를 설정한다. 이에 비하여 북한은 기능과 성격에 따라 문장성분을 설정한다. 기능에 따라서는 주성분과 부성분을 설정하는데, 주어와 술어는 문장의 기본 골격을 이루는 주성분이며, 보어, 상황어, 규정어 등은 부성분이다. 성격에 따라서는 맞물린성분, 외딴성분을 설정하는데, 이는 문장성분이 다른 성분과 상관관계를 직접 가지는가 그렇지 않는가라는 기준이다. 맞물린성분에는 주어, 술어, 보어(직접보어, 간접보어), 상황어, 규정어가 속하며, 외딴성분에는 느낌말, 부름말, 끼움말, 이음말 등을 둔다.

문장 구성을 보면, 남한 문법에서는 문장을 '그 자체로서 하나의 통일성을 가지며, 계층적으로 긴밀하게 구성되어 있는 독립된 언어 형식'이라 정의하고, 북한 문법에서는 문장을 '하나의 매듭지어진 생각을 나타내는 전일적인 덩어리이며 단어 또는 단어결합으로 이루어진 언어행위의 기본 단위'라고 정의한다. 남한 문법에서는 문장이 가지는 계층성을 중시하는데, 북한 문법에서는 단어결합에 유의하고 있다. 그리고 남한 문법은 문장 종결 형식을 네 가지, 혹은 다섯 가지 유형으로 기술하고 있다. 네 가지로 분류하는 경우에는 서술문, 의문문, 명령문, 청유문으로, 다섯 가지로 분류하는 경우에는 평서문, 감탄문, 의문문, 명령문, 청유문으로 기술한다. 이에 반해서 북한 문법은 진술 목적에 따라 세 가지 또는 그 이상의 유형을 기술한다. 알림문, 물음문, 시킴문으로 설정하기도 하고, 서술문, 물음문, 명령문, 권유문, 약속문, 느낌문으로 설정하기도 한다. 그리고 진술 성격에 따라 느낌문, 긍정문－부정문을 기술한다.

문장의 확대 구성에 대해서는 남북 문법의 관점이 서로 다르다. 남한

문법은 주어-서술어의 관계가 한 번 맺어진 문장 구성을 단순문(홑문장), 두 번 이상 맺어진 문장 구성을 복합문(겹문장)이라 한다. 그리고 복합문으로 확대되는 과정에는 내포문(안은문장)과 접속문(이어진문장)이 있다고 기술한다. 북한 문법은 단순문이 사슬식으로 연결되는 '단계적구조'와 나무가지식으로 단계를 이루는 '련쇄적구조'로 확대된다고 기술한다. 체언을 중심으로 하는 단계적 단어결합을 '부'라 하고, 용언을 중심으로 하는 단계적 단어결합을 '구'라 하고, 사슬처럼 연결된 연쇄적 단어결합을 '절'이라 한다. 이러한 부, 구, 절을 가진 문장을 확대문이라 한다. 단순문이란 단어결합이 없는 문장이며, 확대문은 부, 구, 절 등의 단어결합이 있는 문장이다. 확대문은 부를 가진 문장인 '전개문', 구를 가진 문장인 '내포문', 절을 가진 문장인 '복합문'으로 다시 나뉜다.

3) 어휘

북한은 1949년부터 한글전용이 국가정책으로 실시된 이래 언어의 규범성을 높이기 위해 맞춤법, 표준어의 보급과 함께 어휘의 대대적인 정화인 말다듬기 운동을 시작하였다. 이러한 바탕에서 1966년 김일성 교시에 의해 '문화어'가 만들어졌다. 문화어는 평양말을 기준으로 하여 언어의 민족적 특성을 보존·발전시키고, 사회주의 국가를 건설하는 자립정신을 바탕으로 형성되었다고 설명한다. 이와 같은 북한의 문화어 제정으로 남한의 표준어와는 차이가 나타나게 되었다.

남북한은 현재 자본주의와 사회주의라는 전혀 다른 체제이다. 이 때문에 첫째로는 이념적이고 가치지향적인 어휘가 당연히 서로 다르게 사용되었고, 둘째로는 같은 어휘라 하더라도 의미가 다르게 사용되었다. 먼저 첫째 경우를 살펴보면, 북한의 문화어 어휘들에는 사회주의 이념이나 북한 특유의 사상, 제도를 가리키는 것이 많다. 정치 분야의 '수령, 교시, 선동사업', 경제 분야의 '로동영웅운동, 녀성보잡이', 문화 분야의 '공훈배우, 인민배우, 창작과제' 등이 그러한 예이다.[2] 이들은 어휘적인 차이라기보다는 이념과 제도 차이가 어휘에 영향을 미친 것이다. 다음 둘째 경우를 살펴보면, 형태의 차이는 없으나 의미가 다르게 남북한에서 사용되는 어휘들도 많다. 역시 정치성이 강한 어휘일수록 이런 현상이 심하다. 대표적인 예로서 '동무'의 경우, 남한 사전의 뜻풀이는 '늘 친하게 어울려 노는 사람'인데 비해, 북한 사전의 뜻풀이는 '같이 어울리어 사귀는 사람, 일반적으로 남을 무관하게 부를 때에 쓰는 말'이라는 뜻풀이에 앞서 '로동계급의 혁명위업을 이룩하기 위하여 혁명대오에서 함께 싸우는 사람을 친하게 이르는 말'이라 풀이한다. '어버이' 역시 남한 사전의 '아버지와 어머니를 아울러 일컫는 말'에 대하여 '인민대중에게 가장 고귀한 정치적 생명을 안겨주시고 친부모도 미치지 못할 뜨거운 사랑과 두터운 배려를 베풀어 주시는 분을 끝없이 흠모하는 마음으로 친근하게 높이여 이르는 말'로 북한 사전은 뜻풀이한다. 남북한 사회의 이념과 가치가 어휘에 어떤 영향을 주었는가를 구체적으로 보여 준다.

이밖에 북한 방언의 상당수가 현재의 문화어에 포함되어 남한의 표준어와 달라진 어휘(채소 → 남새, 거위 → 게사니, 옥수수 → 강냉이 등)가 있는가 하면, 한자어인 어휘가 토박이말로 다듬어져서 달라진 어휘(객토 → 흙깔이, 표백 → 바래기, 좌익수 → 왼쪽공격수 등)도 상당하다. 동일한 한자어를 남북한이 다르게 읽는 경우도 있다[標識: 표지(남한) – 표식(북한), 歪曲: 왜곡 – 외곡 등].

---

2 '녀성보잡이'란 소를 메운 보습을 다루어 논밭을 가는 여성을 가리킨다. 한편 이 연구에서 북한말의 뜻풀이는 『조선말대사전』(2006/2007)을 따른다. 남한말의 뜻풀이는 『표준국어대사전』(1999)을 따른다.

4) 화법

남북 언어 가운데는 그 뜻은 통하나, 표현하는 방법이 달라서 의사소통에 어려움을 겪는 경우가 있다. 이러한 몇 예를 들면 다음과 같다.[3]

(1) a. 남한에서 낯선 북한말의 표현

아이 뭐 가지가지로 많이 하십니다.

일 없습니다.

무슨 말인지 알만 하지요?

b. 남북한의 표현 차이

북한: 서울에는 가도 못 봤습니다.

남한: 서울에는 못 가 봤습니다.

북한: 날씨가 더워나다 보니까 졸린다.

남한: 날씨가 더워져서 졸린다.

북한: 우리는 이런 말을 세게 씁니다.

남한: 우리는 이런 말을 자주 씁니다.

북한: 다리야 날 살려라.

남한: 걸음아 날 살려라.

북한: 종이장도 맞들면 가볍다.

남한: 백지장도 맞들면 낫다.

그리고 인사, 감사, 칭찬, 사과, 거절 표현이 서로 다르다는 것도 자주 보고된 바 있다. 다음 예는 북한이탈주민들의 화행 특성인데, 북한말의 화

---

3 이 예는 민현식(2010)에서 인용한 예이다. 남북의 화법 차이에 대한 연구로는 신명순 외(2012), 양수경·권순희(2008) 등이 있다.

행 특성으로 보아도 될 것이다.

(2) a. 인사 표현

남한사람이 '술 한잔 해요, 밥 한번 먹자' 등의 인사말을 곧이 듣고 연락을 기다림. '나중에 연락할게'와 같은 완곡한 거절을 알아듣지 못함.

b. 거절 표현

상대가 기분 나빠하지 않게 최대한 배려하면서 거절하기보다는 자신의 생각을 바로 직접적으로 나타냄.

c. 사과 표현

사과 표현의 경우 '미안하다, 죄송하다'는 말을 쉽게 하지 못함.

d. 감사 표현

감사에 대한 표현력이 부족한 편임.

e. 칭찬 표현

칭찬받고 칭찬하는 것을 어색해 함. 칭찬받은 경우에 어떻게 응대해야 할지 난처하다고 느낌.

5) 어문규범

우선 다음 두 문장의 차이를 살펴보자. '우리나라'와 '우리 나라'라는 띄어쓰기 차이가 있다. '아는 것, 중요한 바'와 '아는것, 중요한바'도 띄어쓰기 차이이다. '역사'와 '력사'의 차이, '올바르게'와 '옳바르게'의 차이도 있다.

(3) a. 남한: 우리나라 역사를 올바르게 아는 것이 중요한 바이다.

b. 북한: 우리 나라 력사를 옳바르게 아는것이 중요한바이다.

남한은 1933년에 조선어학회(지금의 한글학회)에서 제정한 한글맞춤법통일안을 광복 후에도 이를 나라의 공인된 맞춤법으로 삼고 계속 사용해 오다가, 이를 수정·보완한 새로운 '한글맞춤법'을 1989년부터 사용하고 있다. 북한은 1954년에 '조선어철자법'을 정해 사용하다가, 다시 1966년에 '조선말규범집'으로 바꾸고 그 이후 수정을 거듭하여 오늘날에 이르고 있다. 남북의 표기법은 이와 같이 서로 교류 없이 각각 시행해 온 결과 지금은 적지 않은 차이가 생기게 되었다. 북한 표기법은 기본적으로 형태주의를 원칙으로 하는 반면, 남한 표기법은 표음주의가 기본원칙이고 형태주의는 이에 대한 조건으로 되어 있다.

북한은 겹자모까지를 하나의 자모단위로 보아 자모수를 40개로 하였고, 자모의 이름은 '기윽, 니은, 디읃' 등으로 통일하였으며, '쌍기역, 쌍디귿' 등은 '된기윽, 된디읃' 등으로 바꾸었다. 남한은 24 자모를 그대로 유지하며, 자모의 이름도 '기역, 니은, 디귿 ……, 쌍기역, 쌍디귿' 등을 그대로 지키고 있다.

북한의 표기법에서는 어간 끝소리 'ㅂ'이 양성모음과 어울리면 '오'로, 음성모음과 어울리면 '우'로 적는 반면(예: 반가와, 괴로와, 무거워, 미워, 고와), 남한의 표기법에서는 이때 '고와, 도와'를 제외하고는 모두 '우'로 적도록 하였다. 그리고 북한은 어간의 끝소리가 '이, 에, 애, 외, 의'인 경우와 어간이 '하'인 경우에는 어미 '－어'를 '－여'로 적도록 하고 있는 반면(예: 기여, 되여, 하여), 남한은 '하여'만을 허용한다.

어문규범 중, 사이시옷의 경우는 크게 차이 나는 규범이다. 그리고 두음법칙 적용에서는 (4)와 같이 단일화하기 어려울 정도로 남북한에 차이가 있다.

(4) a. 남한: 역사, 여성, 노동, 낙원
b. 북한: 력사, 녀성, 로동, 락원

3. 어휘 차이의 원인별 유형

남한말의 기준으로 볼 때, 남한의 어휘와 다른 북한의 어휘를 다음과 같은 유형으로 분류해 볼 수 있다. 달라진 원인에 따라 분류한 것이다.

(5) 어휘 차이의 원인별 유형
  a. 남한의 표준어가 아닌 북한의 방언을 문화어로 삼은 어휘
  b. 남한에서도 쓰고 있으나 북한에서 남한과 다른 의미로 쓰는 어휘
  c. 남북 분단 이후 북한에서 새로 쓰는 다듬은말과 외래어

1) 북한의 방언을 문화어로 삼은 어휘

광복 이전부터 남북 언어에는 방언적 차이가 존재하였다. 특히 어휘에서 그러하였다. 그래서 북한의 다듬은말 가운데는 남한말과 서로 다른 경우가 있다. 이는 평안방언이나 함경방언을 북한에서 문화어로 삼았기 때문이다. 앞에서 예를 든 채소에 대한 '남새', 거위에 대한 '게사니', 옥수수에 대한 '강냉이'가 그 예이다. 몇 예를 더 들면 (6)과 같다. 다만 (7)은 두 말이 함께 사용되는 예이다.

(6)

문화어	남한말
가마치	← 누룽지
눅다	← 헐하다[4]

4 북한말 '헐하다'의 뜻은 다음 세 가지이다. 1) 힘이 들지 않아 어렵지 않다. 2) 어려운 것이 없고 대수로지 않다. 3) (값이) 일정한 기준이나 시세보다 눅다. 따라서 남한말 '헐하다'의 북한말은 '눅다'에 해당한다.

닭알 ← 달걀
망돌 ← 맷돌
발쪽 ← 족발
오레미 ← 올케

(7) 상기 ← 아직
소래 ← 대야
아츠럽다 ← 애처롭다
어방 ← 어림
인차 ← 곧
한뉘 ← 한평생

2) 북한에서 남한과 다른 의미로 쓰는 어휘

남한에서도 쓰고 있으나 북한에서 남한과 다른 뜻으로 쓰는 어휘는 광복 이후 서로 사회제도의 차이에서 온 것이다. 북한 사회 특성으로 '동무, 어버이' 등의 의미와 사용이 달라진 예는 앞에서 본 바와 같다.

더 예를 들면 '선동'의 경우, 남한에서는 대단히 부정적인 의미로 쓰나 북한에서는 정책 사업을 잘 수행하도록 부축이고 호소한다는 뜻으로 쓴다. '세포'의 경우, 남한에서는 생물학 용어로 쓰는데, 북한에서는 어떤 집단에서 기층 단위가 되는 조직을 말한다. '바쁘다'의 경우, 일이 많거나 급히 해야 할 일로 겨를이 없다는 뜻도 있지만, 북한에서는 힘에 부치거나 참기 어렵다, 매우 딱하다는 뜻으로 자주 쓴다. '보기 바쁘다, 말하기 바쁘다'는 보거나 말하는 것이 매우 딱하다란 뜻이다. '시끄럽다'는 성가시도록 말썽이나 까탈이 많다, 정신을 차릴 수 없게 번거롭거나 번잡스러워 귀찮다란 뜻으로도 쓴다. '일없다'의 경우, 남한에서는 필요 없다는 뜻으로 상대방에 대하여 기분이 상하고 화가 났을 때 쓰는 말이지만, 북한에서는 예사롭게 괜찮다는 뜻으로 쓴다.

어휘 의미가 변화하는 언어학적인 원인은 여러 가지가 있는데, 그 가운데 사회적 원인이 대표적이라 할 만하다. 바로 남북 어휘 사이의 변화는 사회적 원인에 기인하는 것이다. 정치, 경제, 사회, 문화 그리고 제도와 이념, 사상과 같은 요인에 따라 원래 같았던 어휘 의미가 서로 다르게 쓰이게 된 것이다. 앞으로 분단이 오래 지속되면 될수록 이러한 현상은 더욱 심화될 것이다. 통일을 앞당기거나 그 이전이라도 어휘 단일화를 적극적으로 추진해야 하는 이유가 여기에 있는 것이다.

3) 북한에서 분단 이후 새로 만들어 쓰는 어휘

남북 분단 이후에 북한에서 새로 쓰는 어휘에는 다듬은말과 외래어가 있다. 먼저 1960년대 중반부터 본격적으로 진행된 북한의 말다듬기 운동에 따라 (8)과 같이 달라지거나 (9)처럼 새로 만든 어휘들의 예이다. 다듬은말에 대한 좀 더 구체적인 예는 제3장에서 다시 제시하기로 한다.

(8)

다듬은말	본래말
교예	← 서커스
손기척	← 노크
잔짐	← 소화물
큰물	← 홍수
피돌기	← 혈액순환

(9) 사로청(조선사회주의로동청년동맹), 공훈리발사, 로동영웅, 밥공장, 선군사상,[5] 원쑤, 인민혁명군, 정치공작원, 주체시대, 혁명가정

다음은 소련이나 동유럽권에서 외래어를 받아들여 남한과 달라진 외래어, 외국 지명의 경우이다. 그 일부 예를 보이면 다음과 같다.

(10) 외래어

남한말	북한말
달러	딸라
로켓	로케트
마라톤	마라손
마이너스	미누스
백신	왁찐
캠페인	깜빠니야
컴퓨터	콤퓨터
토마토	도마도
트랙터	뜨락또르

(11) 외국 지명

남한말	북한말
네델란드	화란
러시아	로씨아
루마니아	로므니아
멕시코	메히꼬
바티칸	바띠까노

5 '선군사상'의 뜻풀이는 다음과 같다. 북한이 예나 지금이나 항상 군사 우위의 국가임을 스스로 천명하는 말이다. '군사를 제일국사로 내세우고 인민군대를 강화하여 조국을 보위하며 인민군대를 혁명의 주력군, 기둥으로 하여 사회주의건설에서 나서는 모든 문제를 풀어나갈데 대한 사상'.

베트남	웰남
스웨덴	스웨리예
시베리아	씨비리
카이로	까히라
폴란드	뽈스카
헝가리	웽그리아

그러나 어휘의 차이를 북한말을 기준으로 본다면, 남한말에는 광복 이후 수많은 외래어가 쓰이고 있어서 남북 언어의 어휘가 차이 나는 원인이 될 것이다. 북한 사람들이 남한 사람들을 만났을 때 의사소통이 어려운 것의 첫째로 꼽는 것이 바로 지나친 외래어 사용이기도 하다. 그렇기 때문에 남북 언어 단일화를 위해서 우리가 시급하게 해야 할 과제는 바로 남한말에 지나치게 많이 쓰이는 외래어를 우리말로 다듬는 일이라 하겠다.[6]

---

6 한편 요즘 북한에서도 시장경제의 영향으로 외래어 사용이 늘어나고 있다. 최근 텔레비전 채널A에 따르면, 외국 음식을 현지 발음대로 부르라는 방침에 따라 '겹빵'이라 부르던 햄버거는 '함버거'로, '구운빵지짐'이라 부르던 와플은 '와흘'로, '이태리종합지짐'이라 부르던 피자는 '삐쨔'로, '길쭉이빵'이라 부르던 핫도그는 '호트도그'로 부른다고 한다.

제3장

남북한의 어휘 다듬기 활동

1. 개관

광복 후 남북한은 각각 우리말의 어휘 다듬기 활동을 전개하였다. 일세강점기 때 우리말에 스며든 일본말 전새를 청산하는 것이 첫째 과세였으며, 나아가서 의사소통에 장애가 되는 어려운 한자어를 쉬운 말로 다듬는 것이 둘째 과제였다. 그리고 무분별하게 들어오게 되는 외래어를 쉬운 토박이말이나 한자어로 바꾸는 것 역시 어휘 다듬기의 주요 과제였다. 물론 이와 같은 남북한이 각각 별도로 수행해 온 활동은 앞으로 있을 남북한의 어휘 단일화를 염두에 둔 활동은 아니었다. 그러나 이들 활동의 결과물은 장차 남북한 어휘 단일화의 소중한 자료가 되는 것이다. 이제 제3장에서는 남북한에서 이루어진 이러한 어휘 다듬기 활동에 대하여 살펴보고자 한다.

우리말 어휘 다듬기 활동을 주로 정부기관이 중심이 되어 적극적으로 추진한 북한과는 달리 남한에서는 정부기관뿐만 아니라 민간단체에서 전개하여 왔다. 오히려 정부기관보다 앞서 민간단체에서 이 일을 먼저 수행하였다. 더 정확하게 말하면 어휘 다듬기 활동은 민간단체인 한글학회가 주로 수행해 오다가, 1990년 정부에 문화부(지금의 문화체육관광부)가 신설되고 거기에 국립국어연구원이 설치되면서 그 활동을 정부기관이 가져간 것이라 하겠다.

또한 남한은 느슨하게 어휘 다듬기 활동을 전개한 것에 비해 북한은 정부기관의 강력한 의지로 어휘 다듬기 활동을 전개하였다. 물론 남한은 민간단체에서 시작한 일이기 때문에 다듬은말을 보급하는 데에는 근본적으로 한계가 있었지만, 북한은 처음부터 정부기관에서 추진하였기 때문에 보급하는 데에 훨씬 더 적극적이었다.

이제 이러한 남북한의 어휘 다듬기 활동에 대하여 살펴보기로 하자. 남한은 한글학회의 활동과 정부기관의 활동으로 나누어 살피고, 북한은 정부기관의 활동을 살펴보기로 한다.

2. 한글학회의 국어 순화 활동

1) 한글학회와 우리말 도로 찾기

남한에서는 정부기관보다 앞서 어휘 다듬기 활동을 민간단체인 한글학회가 주로 수행해 왔다. 그래서 우리말 다듬기, 즉 어휘 다듬기에 관한 한 한글학회의 활동은 정부기관보다 한 걸음 앞섰다 하겠다. 한글학회는 광복 전부터 우리말에 대한 여러 사업을 수행하였으며, 광복 후에는 국어 교재를 편찬하고 국어 교원을 양성하고, 국어 순화 운동을 선도하는 등, 국어에 대한 사업을 주도적으로 행하였다.

한글학회는 우리 말글의 연구·통일·발전을 목적으로, 1908년 8월 31일 주시경, 김정진 등이 창립한 '국어연구학회'를 모체로 하여 탄생하였다.

한글학회 누리집(홈페이지)에 따르면, 이 학회는 1911년 9월 3일 '배달 말글 몬음'으로, 1913년 3월 23일 '한글모'로 바꾸고, 1921년 12월 3일 '조선어연구회', 1931년 1월 10일 '조선어학회'로 이름을 고쳤다가, 1949년 9월 25일 '한글학회'로 이름을 바꾸어 오늘에 이르고 있다. 한글날 제정(1926), 한글맞춤법통일안 제정(1933), 표준말 사정(1936), 외래어표기법통일안 제정(1940), 국어 교과서 편찬(1945), 『큰사전』 발간(1957), 『우리말 다듬기』 발간(1967), 『한국지명총람』 발간(1986), 『한국땅이름큰사전』 발간(1991), 『우리말큰사전』 발간(1991), 국어학자료은행 구축(1992), 한글학회 한글정보 개설(1994), 『국어학사전』 발간(1995) 등의 일을 수행하였다. 1996년에는 학술단체로는 이른 시기에 누리집을 만들어 인터넷을 통하여 여러 가지 정보를 제공하고 정보 교환의 마당을 마련해 놓았으며, 정기간행물로 기관지 『한글』, 『한글새소식』 등을 펴내고 있다. 이제 한글학회가 펼쳐 온 국어 순화 활동에 대해 살펴보도록 하자. 여기에 대한 기술은 한글학회가 2008년에 펴낸 『한·글학·회 100년사』를 따른다.

한글학회(당시, 조선어학회)는 광복이 되자 조선어학회 수난 사건으로 함흥 감옥에 갇혔다가 풀려나온 회원들과 전국에서 모여든 회원들이 함께 국어 교과서를 편찬하고 한편으로는 우리말 도로 찾기를 위한 일본어와 우리말의 대조표를 만들어 강습회와 강연회를 열어 계몽 활동을 펼쳤다.

이렇게 하여 '우리말 도로 찾기' 사업을 전개한다. 『한글』 제98호(1946년 11월)에 실린 장지영 선생의 「나랏 말을 깨끗이 하자 (1)」(pp.22－27)와 『한글』 제100호(1947년 5월)에 실린 장지영 선생의 「나라 말을 깨끗이 하자 (2)」(pp.49－56)에 나타난 방침에 따라 일본어 578 어휘를 우리말로 다듬어 제시하면서 되찾고자 하였다. 『한글』에 실린 네 가지 방침과 거기에 따라 다듬어 제시한 어휘는 다음과 같다.[1]

---

1 이에 대해서는 강신항(2002:65－82)에서도 구체적으로 소개된 바 있다. 강신항 선생

(1) 한글학회의 우리말 도로 찾기 방침과 그 예

a. 우리말이 있는데 일본말을 쓰는 것은 일본말을 버리고 우리말을 쓴다.

시아게 → 마무리, 끝손질

기지 → 감

오이코시 → 쫓넘다, 제치다

b. 우리말이 없고 일본말을 쓰는 것은 우리 옛말에라도 찾아보아 비슷한 것이 있으면 이를 끌어다가 그 뜻을 새로 작정하고 쓰기로 한다.

이가타 → 거푸집

강키리 → 통오림칼

이지메루 → 들볶다

c. 옛말도 찾아낼 수 없는 말이 일본말로 씌어 온 것은 다른 말에서 비슷한 것을 얻어 가지고 새말을 만들어 그 뜻을 작정하고 쓰기로 한다.

벤토 → 도시락

사카다치 → 물구나무서기

간즈메 → 통조림

스리 → 소매치기

d. 한자로 된 일본말은 일본식 한자어를 버리고 우리가 전부터 써 오던 식의 한자어를 쓰기로 한다.

우케쓰게 → 접수

규지 → 사환

은 같은 내용을 2001년, 남북 언어 동질성 회복을 위한 제1차 국제학술회의에서 발표하였다.

가이단　　　　　　→ 층층대, 층대

정부 수립 이전에 미군정청에서 국어 교과서 편찬과 우리말 도로 찾기 일을 하였는데, 이 사업 역시 한글학회가 중심이 되어 맡아서 하였다. 1946년 6월에 문교부장(부장: 유억겸)의 지시로 편수국(국장: 최현배, 부국장: 장지영)에서 초안을 작성하여, 교육계, 문필가, 언론계, 실업계, 출판계의 권위자 128명으로써 국어정화위원회를 조직하여 추진하였다. 모두 940 어휘를 다듬었는데, 앞서 『한글』 지의 안보다 362 어휘 더 많은데, 행정, 경제, 공업, 의식주 어휘가 추가된 것이다. 미군정청이 발간한 『우리말 도로 찾기』는 1948년 6월에 발간하였다(p.36, 조선교학도서주식회사 인쇄).

한글학회는 1949년, 503돌 한글날을 맞이하여 일본말 없애기 운동을 크게 펼쳤는데 그 몇 예를 들면 다음과 같다.

(2) 한글학회의 일본말 없애기 몇 예

가마보꼬　　　　→ 생선묵
기지　　　　　　→ 천, 바탕감, (옷)감
다꾸앙　　　　　→ 왜짠지
대가　　　　　　→ 셋집
대절　　　　　　→ 독세, 전세
덴뿌라돔부리　　→ 튀김덮밥
동가스　　　　　→ 저육카틀리트
매물　　　　　　→ 팔것
배급소　　　　　→ 태움곳
벤또오　　　　　→ 도시락
사시미　　　　　→ 생선회

소매점	→ 산매점, 구멍가게
스시	→ 초밥
스키야끼	→ (왜)전골
아부라아게	→ 유부, 유두부
오뎅	→ 꼬치안주
요오깡	→ 팥편, 밤편
용달사	→ 공물방, 심부름집
우나기돔부리	→ 뱀장어덮밥
우동	→ 가락국수
인사상담소	→ 신세문의처
일품요리	→ 단찬
젠사이	→ 단팥죽
품절	→ 떨어짐, 다나감
합승자동차	→ 어우리자동차

한글학회는 그 이후에도 여러 기관, 단체, 개인들과 협력하여 학문, 실무, 생활 등 각 분야 어휘를 쉽게 고쳐 왔다. 문교부(지금의 교육부)는 1962년부터 각종 교과목 용어를 쉬운 말로 제정하기 위해 한글 전용 특별 심의회를 두어서 몇 차례 회의를 소집하여 전체 심의를 마치고, 그 다음에는 한글학회에 위임하여 정리하였다. 한글학회는 계속해서 이러한 여러 기관과 협력하여 쉬운 용어 제정 사업을 추진하였다. 그 결과를 모아 한글학회는 1967년 1월에 『쉬운말 사전』을 펴내었다.

일반용어와 각종 전문용어 가운데, 어렵고 낡은 한자어와 일본식 한자어, 일본말 잔재, 서양 외래어, 그 밖에 틀리게 쓰는 말을 대상으로 하였으며, 이미 널리 쓰이는 한자어일지라도 살려 쓸 만한 더 좋은 토박이말이 있을 경우는 이를 받아들였다. 모두 3만 7,200여 어휘였다. 그 사전의 '머리말'과 '일러두기'에 제시한 말다듬기의 기본 원칙은 다음과 같았다.

(3) 한글학회 『쉬운말 사전』의 기본 원칙

1. 말다듬기는 토박이말을 찾아 살려 쓰는 것을 원칙으로 하였다. 다만, 알맞은 토박이말이 없을 경우에는 우리말스럽게 만들거나, 널리 쓰이는 쉬운 한자말이나 외래말로 대신하였다.
2. 방언 가운데서도 살려 쓸 만한 말이 있을 경우에는 이를 찾아 제시하였다.
3. 서양 외래말의 경우에 적당한 토박이말이나 이에 맞서는 쉬운 한자말이 없을 경우에는 어려운 한자말을 쓰는 것보다는 본래 말을 그대로 쓰는 쪽을 따랐다.
4. 하나의 올림말에 여러 개의 다듬은말을 제시하는데, 이것은 쓰는 환경에 따라 서로 다른 다듬은말을 쓸 수 있기 때문이다.

이 사전이 나온 이후, 이를 고치고 더하는 말다듬기를 추진하여 1984년에 고치고 더한 판을 내놓았다. 다시 1999년에는 새로 말을 다듬거나 다른 이들이 해 놓은 말들을 검토하여 『깁고 더한 쉬운말 사전』을 펴내었다.

2) 한글학회의 각종 어휘 제정 활동

광복 후에 일본식 어휘를 없앨 것과, 쉽고도 바른 우리말 쓰기의 필요성에서 정부기관과 사회단체가 용어의 제정, 정비 등을 한글학회에 의뢰하였다. 이에 참여하여 한글학회는 각종 어휘 다듬기에 힘썼다.

'과학기술용어 제정' 사업에 대해 살펴보자. 1951년 2월에 문교부 안에 과학기술용어 제정위원회를 두었는데 한글학회 회원 다수가 위원회에 참가하였다. 이 위원회는 과학·공학·수산·의학·약학·농학·가정 분과로 나뉘고,

각 분과위원회는 다시 소위원회로 나누어 각각 관련 분야의 용어를 모아, 제정 원칙에 따라 심의 제정하여, 문교부는 1958년 4월까지 6종의 『과학기술 용어집』을 내놓았다.

문교부는 과학기술용어의 제정 사업을 더 활발히 하기 위하여 1960년 7월, 과학기술용어 제정심의회 규정을 제정하고, 모두 9개 분과 67개의 소분과 심의회를 두었다. 이 소분과 위원회가 심의해 놓은 안에 대하여 최종적인 정리 사업은 역시 한글학회가 맡아 마무리하였다.

그 이후 정부 각 기관에서는 한글학회에 어휘 다듬기를 지속적으로 의뢰하였다. 법령 용어, 조폐 용어, 금융 용어, 농산물 검사 용어, 농업 용어 등이 그 예이다. 농업 용어 다듬기는 다음과 같은 사연으로 시작되었다고 한다. 1967년도 초여름에, 지방행정기관과 농촌지도기관에서 벼 다수확을 위한 모내기 방법을 농민들에게 지도 계몽하기 위해, 웬만한 길목이나 마을 어귀에다, '소주밀식'이라고 쓴 현수막과 표어판을 내어 걸었다. 그런데 '논에다 모를 낼 때에 모 대수를 적게 하고 배게 심으라'는 뜻인 소주밀식(小株密植)이 엉뚱한 오해를 빚었다. 한자를 모르는 농민들을 위해 '小株密植'을 한글로 '소주밀식'으로 표시했다가, '소주(燒酒)와 밀가루 음식을 먹으라'는 엉뚱한 선전 표어로 둔갑을 하게 된 것이다. 이 같은 혼란과 고충을 오랫동안 겪어 온 농촌진흥청은 이 기회에 우리나라 고유의 농업 용어를 되찾는 동시에 어려운 한자 용어를 순수한 우리말로 고쳐, 농가와 지도기관의 의사소통이 한결 쉽게 이루어 농사 기술의 빠른 전달을 꾀하기 위하여 농업 용어 다듬기를 시작했다고 한다. 이 일에 한글학회가 참여한 것이다. 그 밖에 한글학회가 다듬은 몇 분야와 내용을 제시한다.

(4) 한글학회가 다듬은 각 분야 어휘의 몇 예

분야	대상어	다듬은말
범죄	詐欺入	→ 속여들기
	途中强盜	→ 거리치기
	學校荒	→ 학교털이
음식	다마네기	→ 양파
	야끼도리	→ 참새구이
	젠자이	→ 단팥죽
	오리벤또	→ 접도시락
	요오지	→ 이쑤시개
미용	고데	→ 인두
	니부가리	→ 두푼머리
	시야게	→ 끝손질, 마무리

이상과 같이 민간단체로서 한글학회의 우리말 다듬기 활동을 살펴보았다. 정부기관에 앞서 일본말 잔재, 어려운 한자어, 넘쳐나는 외래어로부터 우리말 어휘를 쉽게, 정확하게 다듬기 위해 오랫동안 노력한 업적은 높이 평가받을 만하다. 올해로써 106년이 되는 기나긴 학회의 역사와 민족정신을 투철하게 지닌 학회 정신이 바탕이 된 결과라고 본다. 한글학회의 이러한 노력과 활동이 없었다면, 짧은 기간 안에 일본어 잔재를 몰아내기 어려웠을 것이고, 무수히 몰려오는 외래어 홍수를 막아 내지 못하였을 것이다. 우리말의 고유성을 지키기도 어려웠을 것이고 남북 언어의 달라짐도 더욱 깊어졌을 것이다.

이러한 성과에는 아쉬움이 따를 수밖에 없다. 그 아쉬움이란 민간단체로서의 한계이다. 다듬은말을 보급, 전파하는 데에 어려움이 있었다. 강력한 추진력이 부족하였다. 이 점이 다음에 살펴볼 북한과의 차이점이기도 하다. 다음으로는 일부 다듬은말이 지나치게 생소하여 일반 대중들이 수용하기 어려웠다는 점이다. 다듬은말은 본래말보다 쉽고, 간결하면서 의미가 정확하게 바로 파악되어야 하기 때문에 말다듬기란 쉽지 않음을 보여 주는 예이다.

3) 국어순화추진회의 활동

국어 순화의 유기적인 활동을 수행할 단체를 두기 위하여 1976년 이 뜻에 동의하는 몇몇 인사가 모여 '세종회'를 만들고 '국어 순화 헌장'을 마련하였다. 우리말의 순화 운동을 조직화하여, 국민의 언어생활을 바로잡고, 주체성을 드높이는 것을 목적으로 하여, 다음과 같은 네 가지 사업을 추진하기로 하였다.

(5) 국어 순화 사업 내용

1. 잃어버린 우리말을 되찾고, 다듬어 순화시키는 일
2. 잘못된 우리말을 바로잡고, 필요 없는 외래어를 몰아내는 일
3. 올바른 우리말을 모든 국민에게 보급하는 일
4. 우리말 순화를 맡고 있는 정부기관 및 기존 단체와의 협력, 그 기능의 육성 및 강화, 서로의 융합된 힘으로써 민족 문화 발전에 이바지하는 일

이 운동을 더욱 활발하게 범국민적으로 발전시키기 위하여, 학계, 교육계, 종교계, 문단, 법조계 등 각계각층의 인사들을 골고루 참여하여 새 출발을 하기로 결정하고, 세종회를 '국어순화추진회'(회장: 주요한)로 고치고, 각 나라의 언어정책을 연구하면서 국어 순화 활동을 다양하게 추진하였다. 물론 이 모임의 중심에는 한글학회가 있었음은 당연하다.

3. 남한 국어정책기관의 어휘 다듬기 활동

1) 국어기본법

남한의 '국어기본법'은 국어사용을 촉진하고 국어 발전과 보전의 기반을 마련하여 국민의 문화적 삶의 질을 향상하고 민족문화 발전에 이바지할 것을 목적으로 제정된 국어정책에 관한 기본법이다. 국어정책에 관한 법으로는 1948년 정부 수립과 함께 제정된 '한글 전용에 관한 법률'이 있기는 하였지만, 세계화와 정보화의 시대인 21세기를 맞이하여 국어정책의 수립과 시행, 국민의 국어 능력 향상, 국어의 국외 보급, 국어정보화를 통한 국어 보전과 발전에 기여하려는 뜻에서 2005년에 국어기본법을 제정하였다.

국어기본법은 제정 이후 몇 차례 개정이 있었으나, 기본 내용에는 크게 변한 것이 없다. 모두 5장 27조, 그리고 부칙으로 구성되어 있는데, 주요 내용은 다음과 같다. 첫째, 국가와 지방자치단체는 변화하는 언어 사용 환경에 능동적으로 대응하고, 국민의 국어능력 향상과 지역어 보전 등 국어 발전과 보전을 위하여 노력해야 하며, 문화체육관광부 장관은 국어발전 기본계획을 5년마다 수립·시행하고, 이에 관한 보고서를 2년마다 국회에 제출하도록 하였다. 둘째, 문화체육관광부 장관은 국어정책 수립에 필요한 국민의 국어 능력, 국어 의식, 국어사용 환경에 관한 실태를 조사하며, 어문규범이 국민의 국어사용에 미치는 영향과 어문규범의 현실성 및 합리성을 평가하여 정책에 반영하도록 하였다. 셋째, 공공기관 등의 공문서는 어문규범에 맞추어 한글로 작성하여야 하며 다만, 대통령령으로 정하는 경우에는 괄호 안에 한자 또는 다른 외국 글자를 쓸 수 있도록 하였다. 넷째, 국어 발전과 보전을 위한 중요사항을 심의하기 위하여 문화체육관광부에 국어심의회를 두고, 국가기관과 지방자치단체에는 국어 발전과 보전을 위한 업무를 총괄하는 국어책임관을 두고, 국민들의 국어 능력을 높이고 국어와 관련된 상담을 할 수 있도록 국어문화원을 지정할 수 있도록 하였다.

또한 한국어 교육에 관해 필요한 사항을 법제화한 것이 주목된다. 국가는 한국어를 배우려는 외국인과 재외동포를 위하여 교육과정과 교재를 개발하고 전문가를 양성하는 등 한국어 보급에 필요한 사업을 시행하도록 하는 한편, 한국어교원 자격 제도를 마련하였다. 국가는 세종학당재단을 설립하여 국외에 한국어 보급을 효율적으로 수행하도록 하였다.

국어기본법에는 선언적인 조항이 대부분이어서, 실제 법과 제도 집행에 한계가 많은 것이 문제로 지적되고 있으나, 이 법의 제정으로 국어 발전과 보전, 그리고 한국어 교육 진흥에 기여한 의의가 크다.

2) 국어정책기관

남한에서 국어정책을 수행하는 정부기관은 문화체육관광부와 그 소속기관인 국립국어원이다. 문화체육관광부(담당부서: 국어정책과)는 국어 및 언어정책에 관한 종합 계획을 수립하고 조정, 추진하는 것을 기본으로 하여, 국어 관련 제도 정비 및 계획의 수립과 시행, 국어심의회, 국어책임관, 국어문화원에 관한 사항 등을 관장한다. 국립국어원은 국어의 발전과 국민의 언어생활 향상을 위한 연구 활동과 구체적인 사업의 추진을 관장한다.

국어정책이라는 관점에서 보면, 문화체육관광부는 국어정책의 방향을 정하고 국어발전계획을 수립하는 데에 업무의 초점이 있다고 할 것이며, 국립국어원은 국어와 국어정책에 관한 연구를 수행하고 그 결과를 바탕으로 구체적인 사업을 추진하는 데에 업무의 초점이 있다고 할 것이다.

국립국어원의 간략한 역사와 조직을 보면 다음과 같다. 1984년 문교부

소속 대한민국 학술원의 부설 임의기구로 국어연구소를 설치하여 주로 어문규범을 연구하는 일을 맡았다. 이를 모태로 하여 1991년 1월에 문화부 소속기관으로 국립국어연구원을 개원하여 국어 연구와 관련한 다양한 사업을 수행하였다. 그 후 2004년에 국어정책 기능을 강화하면서 이름을 국립국어원으로 바꾸어 국어정책에 관한 연구뿐만 아니라 국어정책의 구체적인 사업을 추진하면서 오늘에 이르렀다. 조직도 몇 차례 개편된 바 있는데, 그동안 3개의 연구부로 운영해 오다가 2009년부터는 원장과 어문연구실(어문연구팀, 언어정보팀), 공공언어지원단, 교육진흥부(국어능력발전과, 한국어교육진흥과) 그리고 기획관리과로 구성하여 사업을 수행해 왔으나, 2014년에 이르러 원장과 어문연구실(어문연구과, 언어정보과, 한국어진흥과), 기획연수부(공공언어과, 교육연수과, 기획운영과)로 개편하였다. 2014년 현재 법령에 규정된 각 부서의 주요 업무는 다음과 같다.

(6) 국립국어원의 주요 업무

a. 어문 연구

1. 국어·언어정책 관련 법·제도의 조사·연구에 관한 사항
2. 언어와 문자, 특수언어에 관한 조사·연구
3. 언어와 문자의 정보화 및 표준화와 정보자원 구축·관리
4. 국어와 관련된 각종 사전의 편찬·발간
5. 언어와 문자 관련 문헌과 자료의 관리
6. 국민의 언어생활 상담에 관한 사항
7. 국내외 한국어 교육 지원을 위한 기초 연구
8. 한국어 관련 교육 연수 계획의 수립 및 교육 연수 과정의 개발
9. 한국어 교육 전문가 양성에 관한 사항
10. 한국어 교원 자격 부여에 관한 사항
11. 한국어 교육과정, 교재 및 자료 등의 개발·보급 및 운영에 관

한 사항

b. 기획 연수

1. 국어 관련 홍보물의 제작·보급
2. 공공기관 및 신문·방송·인터넷 언어의 공공성 향상에 관한 사항
3. 전문용어 표준화 및 정비 지원에 관한 사항
4. 공공용어 번역 표준화에 관한 사항
5. 국민의 국어능력·국어의식·국어사용환경 등 실태 조사
6. 올바른 국어의 보급에 관한 사항
7. 국어 관련 교육연수 계획의 수립 및 교육 연수 과정의 개발
8. 국어 교육 전문가 양성에 관한 사항
9. 국어능력 검정 및 국어능력 향상에 관한 사항
10. 국어문화원 교육활동 지원에 관한 사항

남한에서 국어정책과 관련한 또 하나의 조직으로 국어심의회를 들 수 있다. 국어심의회는 1953년에 이른바 한글 간소화 개정의 학술적 근거를 마련하기 위해 처음 설치되었으나 실질적인 운영 여부는 분명하지 않다. 국어심의회가 국어의 중요 사항을 심의하는 최고 기구로서 공식적인 역할을 하게 된 것은 1964년에 문교부 장관의 자문기구로 설치되면서부터이다. 이때부터 국어심의회는 국어에 관한 중요 사항을 조사, 연구, 심의를 총괄하는 기능을 담당하게 되었으며, 1990년 문화부가 신설되면서 문화부로 이관되었다. 1991년에는 국립국어연구원이 설립되어 조사, 연구 기능을 담당하게 되자, 국어심의회는 심의 기능만을 맡게 되었다. 2005년에는 국어기본법이 제정됨에 따라 국어심의회의 기능과 위상이 크게 변화하였다. 국어기본법은 5년마다 '국어발전 기본계획'을 수립하여 시행할 것을 명시하고 있는데, 이때 국어심의회의 심의를 받도록 한 것이다. 이 계획은 국어의 육성 및 발전을 위한 것으로, 국어심의회가 이를 심의함으로써 실

제 국어정책 실현에 기여한다.

국어심의회 기능 가운데 가장 핵심적인 것은 어문규범의 제정 및 개정이다. 1988년 1월에 고시된 '한글 맞춤법'과 '표준어 규정'은 국어심의회가 최종적으로 심의함으로써 확정된 것이다. 2011년 8월에 '짜장면, 먹거리, 뜨락, 내음, 손주' 등을 복수 표준어로 인정한 것도 국어심의회가 최종적으로 심의한 결과이다.

국어심의회의 구성은 그동안 크고 작은 변화를 겪었는데, 현재는 위원장과 부위원장 각각 1명을 포함하여 국어학과 언어학 관련 전문가, 그리고 언어 관련 기관의 대표 등 60명 이내로 구성하며, 어문규범분과, 국어순화분과, 언어정책분과와 같은 분과위원회를 두고 있다.

3) 국립국어원의 어휘 다듬기 활동

국어 순화 활동은 원래 한글학회를 비롯한 민간단체에서 시작되었다. 특히 국어에 침투해 있던 일본어 잔재를 제거하려는 목적으로 시작되었다. 점차 나아가서는 이해하기 어려운 한자어와 무분별하게 들어온 외래어를 쉬운말로 순화하였다.

국어연구소 시절부터 시작한 정부기관의 국어 순화 활동은 국립국어연구원이 출발하면서 본격화되어 그동안 여러 분야에 걸쳐 순화어를 제정하여 보급하였다. 국어 순화는 국어 속에 남아 있는 일본어투 용어, 무분별하게 들어와 남용되는 외국어, 어려운 한자어, 잘못 표기된 외래어 등을 주로 대상으로 삼았다. 생활 외래어를 비롯하여 전문용어에 이르기까지 그 대상은 매우 다양하였다. 국립국어연구원은 이렇게 순화한 말을 매년 『국어 순화 자료집』으로 발간하여 널리 배포하였다. 국어 순화 자료집 발간 내역을 소개하면 다음과 같다. 어떠한 분야를 대상으로 하였는지 확인할 수 있을 것이다.

(7) 국립국어연구원의 『국어 순화 자료집』 발간 내역

1991년판: 1977년~1991년 종합

1992년판: 행정, 미술, 건설, 신문 제작, 식생활 용어

1993년판: 행정, 선거 정치, 생활 외래어, 전산기 용어

1994년판: 임업, 봉제, 국악 용어

1995년판: 건설, 미술, 식생활, 신문 제작, 선거 정치, 생활, 임업, 봉제, 행정, 일본어투 용어

1996년판: 건설, 미술, 봉제, 생활, 선거 정치, 식생활, 신문 제작, 일본어투, 임업, 전산기 용어

1997년판: 선거 정치, 생활 외래어, 미술, 건설 용어

1999년판: 패션 디자인 용어

2000년판: 문화재(고고학, 민속학, 건축사, 미술사), 언론, 전기 전자, 금융 경제, 농업, 지하철 운전, 정보 통신 용어

2001년판: 스포츠(농구, 배구, 배드민턴, 볼링, 사격, 사이클, 스케이트, 승마, 야구, 축구, 테니스, 하키, 핸드볼, 골프, 스키) 용어

2002년판: 언론 외래어

2002년판: 연극, 금융, 법의학 용어

이렇게 그 발간 권수가 12권에 이르렀고, 대상 분야는 40여 개, 순화 어휘는 2만 1천여 개에 이르렀다. 그런데 실제 활용을 쉽게 하기 위하여 2003년에 『국어 순화 자료집 합본』을 발간하였다. 이용자가 찾아보기 쉽도록 순화 대상 용어의 가나다순 정렬은 물론, 분야별 순화 용어 찾아보기, 순화 용어로 순화 대상 용어 찾아보기도 함께 수록하였다. 구체적으로 순화 대상 용어로 삼은 것은 다음과 같다.

(8) 순화 대상 용어

a. 일반어와 각종 전문분야 가운데 아래와 같은 용어

1. 어렵고 낡은 한자어와 일본식 한자어
2. 일본어투 용어
3. 서양 외국어와 외래어
4. 그 밖에 틀리게 쓰는 말

b. 이미 널리 쓰이는 한자어라도 살려 쓸 만한 더 좋은 고유어가 있을 경우

해당 어휘를 순화하는 원칙은 다음과 같이 정하였다. 첫째, 토박이말을 찾아 살려 쓰는 것을 원칙으로 하였다. 다만, 알맞은 토박이말이 없을 경우에는 우리말답게 새말을 만들거나 널리 쓰이는 쉬운 한자어를 사용하였다. 둘째, 하나의 순화 대상 용어에 여러 개의 순화 용어를 제시할 수 있는데, 이것은 쓰는 환경에 따라 서로 다른 순화 용어를 쓸 수 있기 때문이다. 또 하나의 순화 용어를 제시하는 것보다 복수의 순화 용어를 제시하여 자연스럽게 좋은 말을 선택하여 쓰는 것이 바람직하다고 생각하였기 때문이다. 셋째, 순화 용어의 표기는 어문규정을 따르는 것을 원칙으로 하였다. 다만 띄어쓰기는 순화 용어가 주로 단어 단위로 이루어진다는 점에서 되도록 붙여 쓰도록 하였다.

그리고 순화 결과는 다음 세 가지로 나누고, 구분 표시도 달리하였다. 첫째, ➡로 표시하는 것은 순화한 용어만 쓰는 것이다. 둘째, ⇨로 표시하는 것은 되도록 순화한 용어로 쓰는 것을 권고하는 것이다. 셋째, =로 표시하는 것은 둘 다 써도 좋다는 것이다. 『국어 순화 자료집 합본』의 '가' 항의 일부를 보이면 다음과 같다.

(9) 어휘 순화의 실제 예

순화한 어휘	분야	표시	순화 대상 어휘
가격 연동 관세	행정	⬅	할척관세[割尺關稅]
가격 협의	행정	⬅	수의시담[隨意示談]
가격대	패션	⬅	프라이스 존[price zone]
가공줄	임업	⇦	가공선[架空線]
가교 대출	언론	⬅	브리지론[bridge loan]
가까스로 이김	행정	⇦	신승[辛勝]
가까운	행정	=	비근한[卑近－], 인접한[隣接－]
가난뱅이풍	패션	⇦	푸어 룩[poor look]
가는 곳	행정	⇦	행선지[行先地, ゆきさき－]
가는 붓	미술	⇦	세필[細筆]
가는 줄무늬	패션	⬅	펜슬 스트라이프[pencil stripe]
가늠	생활	⬅	겐토(←겐또)[見當, けんとう]
가두 직영점	언론	⬅	로드숍[road shop]
가래	행정	⬅	객담[喀痰]
가로 골절	의학	⬅	횡골절[橫骨折]
가로도랑	임업	⬅	횡측구[橫側溝]
가로짜기	신문	⬅	요코구미[橫組, よこぐみ]
가루받이	임업	⬅	수분[受粉]
가름새	미술	⬅	크로스바[crossbar]
가리다	행정	⇦	엄폐하다[掩蔽－]
가맹점	언론	⬅	프랜차이즈[franchise]

가뭄	임업	⇦	한발[旱魃]
가슴높이	행정	⬅	흉고[胸高]
가지꽂이	임업	⬅	지삽[枝揷]

그 이후 국립국어연구원/국립국어원이 추진한 우리말 다듬기는 단순한 순화를 넘어 더욱 소통하기 쉽고 더욱 합리적인 우리말 어휘와 표현들을 찾아내 널리 사용하게 하는 데에 이르렀다. 예를 들어 차별이나 편견을 낳을 수 있는 표현, '살색, 가정부'와 같은 말을 '살구색, 가사도우미'와 같은 말로 바꾸었다.

그렇지만 국립국어원의 국어 순화 활동은 제시하는 순화어에 비해 언어생활에 정착되는 비율이 높지 않다는 문제를 안고 있었다. 다듬은말을 실제로 사용해야 할 일반 대중들을 배제한 채 국어 전문가들 중심으로 다듬기 사업을 벌여 온 결과, 다듬은말이 널리 퍼지지 못하고 낯설게 여겨지는 경우가 많았다. 이에 국립국어원에서는 일반 대중이 직접 순화어를 제안하고 또 선정할 수 있도록 하자는 뜻에서, 2004년에 '모두가 함께하는 우리말 다듬기, 말터' http://malteo.korean.go.kr을 개설하였다. '말터'에서 순화어를 선정하는 방식은 누리꾼이 직접 언어생활에서 파급 효과가 클 것으로 예상되는 어휘를 제안하는 방식으로, '순화 후보어'는 음절이 간결하고 의미의 연관이 큰 말로 선정하는 것을 원칙으로 하였다. 또한 '말터'는 대외 홍보를 위하여 동아일보, KBS 등 언론사와 협조하여 운영하였다. 2004년 7월부터 지금까지 3백여 어휘를 순화하였으며 이 가운데 '리플, 웰빙, 파이팅, 네티즌'을 다듬은 '댓글, 참살이, 아자, 누리꾼' 등은 정착되어 현재 널리 쓰이고 있다.

(10) '말터'에서 다듬은 어휘의 실제 예

다크서클	→ 눈그늘
러브콜	→ 부름공세
레시피	→ 조리법
무빙 워크	→ 자동길
발레 파킹	→ 대리주차
브런치	→ 어울참
블랙아웃	→ 대정전
블루오션	→ 대안시장
빅데이터	→ 거대자료
선팅	→ 빛가림
소셜커머스	→ 공동할인구매
소호	→ 무점포사업
스크린 도어	→ 안전문
스팸 메일	→ 쓰레기편지
스폿 광고	→ 반짝광고
내비게이션	→ 길도우미
올인	→ 다걸기
올킬	→ 싹쓸이
이모티콘	→ 그림말
인프라	→ 기반시설
캡처	→ 갈무리
콘텐츠	→ 꾸림정보
팁	→ 도움말
팝업창	→ 알림창
호스피스	→ 임종봉사자

한편 2011년부터는 국민이 제안한 순화어의 타당성과 소통성을 전문적으로 검증하여 순화어의 질을 높이고자 국립국어원에서 말다듬기위원회를 출범시켰다. 순화어의 질을 높인다는 것은 순화어가 실제 언어생활에 자연스럽게 사용될 수 있도록 한다는 뜻이다. 말다듬기위원회에서는 매달 회의를 열어 국민이 제안한 다듬은말을 심의하고, 이 가운데 다듬은 말로서 적합하다고 판단되는 것들을 3~4개씩 뽑아 누리꾼의 의견을 듣고 있다. 맨 먼저 트윗 용어인 '팔로잉, 팔로어'를 '따름벗, 딸림벗'으로 다듬었다. 그 이후 '벤치마킹'을 '본따르기'로, '워터마크'를 '식별무늬' 등으로 다듬었다. 2013년과 2014년에 심의하여 공개한 몇몇 순화 어휘는 다음과 같다.

(11) '말다듬기위원회'에서 심의한 어휘 (2013년/2014년의 경우)

그린루프 → 옥상정원
네일아티스트 → 손톱미용사
램프 → 연결로
메디텔 → 의료관광호텔
북마스터 → 책길잡이
북크로싱 → 책돌려보기
브랜드숍 → 전속매장
블라드 → 길말뚝
블랙아웃 → 대정전
블랙아이스 → 살얼음
빅데이터 → 거대자료
세코시 → 뼈째회
스미싱 → 문자결제사기
스타트업 → 새싹기업

시즌오프 → 계절마감
쓰키다시 → 곁들이찬
에어 바운스 → 풍선놀이틀
오디오북 → 듣는책
워터마크 → 식별무늬
원플러스원 → 하나 더
잇 아이템 → 매력상품
지리 → 맑은탕
카메오 → 깜짝출연
크라우드펀딩 → 대중투자
타투이스트 → 문신사
파밍 → 사이트금융사기
팝업 스토어 → 반짝매장
포트홀 → 노면홈
푸드뱅크 → 먹거리나눔터
핑거푸드 → 맨손음식
하우스푸어 → 내집빈곤층
핫 플레이스 → 인기명소
후리카케 → 맛가루

이상과 같이 정부언어정책기관으로서 국립국어연구원/국립국어원의 우리말 다듬기 활동을 살펴보았다. 민간 중심의 국어 순화 활동을 정부가 체계적으로 이어받아 수행한 것은 그 의의가 크다 하겠다. 특히 최근에 이르러서는 국어 전문가에게만 의존하지 않고 일반 대중들의 의견을 받아들여 순화 대상어를 정하고 또한 순화어를 결정하는 것은 언어정책기관과 언어 사용자가 함께 언어 문제를 풀어 가는 사례로서 높이 평가할 만하다.

그러나 역시 한계점은 있다. 일부 다듬은말이 지나치게 생소하여 일반 대중들이 수용하기 어려웠다는 점이다. 다듬은말은 본래의 말보다 쉽고, 간결하면서 의미가 정확하게 바로 파악되어야 하는데 그렇지 못한 예들이 있어 언어 사용자들로부터 외면당하는 것이다. '스마트폰'을 '똑똑전화'로 다듬어 제시하였지만, 그 어느 누구도 관심 가지지 않았다. 실제 이 용례는 2011년 국회 국정감사에서도 적절하지 못한 예로 언급된 바 있다. 그러나 '스크린 도어'를 '안전문'으로 순화하여 제시한 것은 의미로 보나 음절수로 보나 자연스럽게 수용할 수 있는 적절한 말인데도 영어를 선호하는 해당 기관에서 받아들여 주지 않은 예도 있다.[2] 결국은 자연스럽게 수용할 수 있는 순화어를 제시하는 것도 중요하지만, 우리말에 대한 국민의 올바른 인식이 순화어 성공의 열쇠라 생각한다.

4) 국립국어원의 북한말 연구 활동

국립국어원은 통일을 대비하여 남북 언어 통합을 주요 사업으로 하고 있다. 북한말 자료를 수집하고 이를 연구하여 앞으로 남북 언어 통합을 대비한다. 이제 국립국어원의 북한말 연구 활동에 대해 살펴보기로 하자.[3] 북한말을 대상으로 하는 연구는 크게 북한말 현황에 대한 파악, 남북 언어의 차이 연구, 남북 언어의 통합 방안 연구, 지역 방언 연구 등으로 나눌 수 있다.

---

2 '스크린 도어'는 지하역에 지하철의 안전을 위해 설치해 놓은 문인데, 다행히 2013년 11월부터 5678호선은 '안전문이 열립니다'라 안내 방송하고 있다. 아직 12349호선은 '스크린 도어가 열립니다'라 안내 방송하고 있다.

3 이에 대해서는 국립국어원 누리집(www.korean.go.kr), 『국립국어원 20년사』(2011), 김선철(2009), 조남호(2009) 등에 서술된 자료 참조. 그리고 국립국어원뿐만 아니라 문화체육관광부에서 추진해 온 북한말 자료 수집과 연구 활동도 함께 제시한다.

[1] 북한말의 현황 파악

초기에 북한말에 대한 자료 파악은 대단히 제한적으로 이루어졌다. 왜냐하면 남북이 자유로이 왕래하거나 접촉할 수 없었기 때문에 북한 방송이나 각종 서적, 신문 등으로만 북한말을 접해야 했기 때문이다. 북한 사람들이 일상생활에서 흔히 사용하는 생생한 구어는 거의 수집되지 못하였다. 그러나 2004년 이후 몇 해 동안 시행된 남북 공동 지역어 조사 사업으로 북한의 일부 방언 자료가 전사된 형태로 입수되고, 중국의 조선족 학자들이 연구한 북한 방언학 업적 또는 중국 내 북한 접경지대에 거주하는 북한 출신 사람들의 언어에 대한 연구 업적이 소개되었다. 지금까지 이루어진 북한말의 현황 파악에 해당하는 성과는 다음과 같다.

(12) 북한말의 현황 파악 성과

『북한 언어 자료집 I · II』, 국어연구소, 1989.

『북한의 국어사전 분석 (I)』, 국립국어연구원, 1992.

『북한 국어사전에 관한 국제학술회의』, 국립국어연구원, 1993.

『북한의 국어사전 분석 (II)』, 국립국어연구원, 1993.

『북한의 한자어·외래어 사용 실태 조사 (I)』, 국립국어연구원, 1993.

『북한의 국어사전 분석 (III)』, 국립국어연구원, 1994.

『북한의 한자어·외래어 사용 실태 조사 (II)』, 국립국어연구원, 1994.

『남북한 외래어의 비교 연구』, 국립국어연구원, 1995.

『북한의 국어사전 분석 (IV)』, 국립국어연구원, 1995.

『북한의 국어사전 분석 (V)』, 국립국어연구원, 1996.

『북한 문학 작품의 어휘』, 국립국어연구원, 1998.

『북한 주민이 모르는 남한 외래어 조사』, 국립국어연구원, 1999.

『북한 시나리오 어휘 조사 연구』, 국립국어연구원, 2001.

『북한 영화 어휘 조사 연구』, 국립국어연구원, 2001.

『북한 방송 용어 조사 연구』, 국립국어연구원, 2002.
『북한 신문 용어 조사 연구』, 국립국어연구원, 2002.
『북한의 "조선말사전(학생용)" 분석』, 국립국어연구원, 2002.
『북한 사전 미등재어 조사 연구』, 국립국어연구원, 2003.
『북한의 우리말 의미 연구 자료집』, 국립국어연구원, 2003.
『제3차 남북 국제 학술 회의 논문집』, 국립국어원, 2004.
『제5차 남북 국제 학술 회의 논문집』, 국립국어원, 2005.
『'민족어 발전의 현실태와 전망' 남북 국제 학술 회의 논문집』, 국립국어원, 2007.
『2009년 남북 언어 학술대회 논문집』, 국립국어원, 2009.
『남북 언어 통합과 재일동포 언어 국제학술대회 논문집』, 국립국어원, 2011.

이 가운데 북한의 국어사전을 분석한 연구에 대해 살펴보자. 『북한의 국어사전 분석 (I)』은 한글 맞춤법과 해설에 등장하는 어휘 1,417개, 표준어 규정 관련 어휘 1,461개, 표준어 모음에 등장하는 어휘 1,210개 각각에 해당하는 북한말을 조사하여 남북 언어 차이를 조사한 것이다. 『북한의 국어사전 분석 (II)』는 『조선말사전』(1962)과 『조선말대사전』(1992) 사이의 장단 변화를 조사한 것인데, 1만 3천여 개의 단어에서 장단의 변화를 보인다고 한다. 『북한의 국어사전 분석 (III)』은 『현대조선말사전』(1981), 『조선말대사전』(1992)에 등장하는 순화어의 실태를 파악하고 변화를 분석한 것이다. 『북한의 국어사전 분석 (IV)』는 『조선말대사전』(1992)의 속담과 관용구를 분석한 것이고, 『북한의 국어사전 분석 (V)』는 『현대조선말사전』(1981)의 비순화 허용 어휘가 『조선말대사전』(1992)에서 어떻게 처리되는지를 분석하여 문화어 정책의 추이를 파악하려 한 것이다.

『북한 주민이 모르는 남한 외래어 조사』는 남북한 사전을 기본으로 하여 차이 나는 외래어를 모으고 여기에 미등재 외래어를 더하여 기본 조사 목록을 만들어서 북한 출신 주민에게 확인하여 알고 있지 않은 외래어를 찾아낸 결과로서, 모두 8,284개 어휘가 이에 속한다고 하였다. 『북한 사전 미등재어 조사 연구』에서는 『조선말대사전』(1992)에 없는 미등재어와 신어를 여러 언어 자료에서 찾아낸 것인데, 모두 670개가 모아졌다. 『북한 방송 용어 조사 연구』(2002)는 북한의 라디오 방송인 조선중앙방송, 평양방송 등에서 북한에서만 쓰이는 용어를 찾아내어 의미를 풀이하고 용례를 밝혀 정확한 의미와 용법을 일반인에게 널리 알려 남북 언어의 상호 이해에 도움을 주려는 의도에서 발간된 것이다. 『북한 신문 용어 조사 연구』(2002) 역시 같은 취지로 북한 신문 『로동신문』, 『평양신문』, 『문학일보』 등에 사용된 어휘 중에서 현재 남한에서 사용되지 않고 있는 어휘와 구를 대상으로 하였다.

[2] 남북 언어의 차이 연구

지금까지 이루어진 남북 언어의 차이에 대해 국립국어원이 연구한 성과는 다음과 같다.

(13) 남북 언어의 차이 연구 성과

『남북한 언어 차이 조사 1 — 발음·맞춤법 편』, 국어연구소, 1989.
『남북한 언어 차이 조사 2 — 고유어 편』, 국어연구소, 1989.
『남북한 언어 차이 조사 3 — 한자어·외래어 편』, 국어연구소, 1990.
『북한 주민이 모르는 남한 어휘』, 국립국어연구원, 2000.
『북남 대역사전을 위한 기초 연구』, 국립국어연구원, 2003.
『남북 문자코드 변환 시스템 개발』, 국립국어원, 2004.
『남북한 어문 규범 비교 연구』, 국립국어원, 2004.
『남북 교과서 학술 용어 비교 연구』, 국립국어원, 2007.

『남북 교과서 학술 용어 비교 연구 2』, 국립국어원, 2008.
『2009년 남북 언어 학술대회 논문집』, 국립국어원, 2009.
『남북 언어 통합과 재일동포 언어 국제학술대회 논문집』, 국립국어원, 2011.

위에서 『남북 교과서 학술 용어 비교 연구』(2007)는 국사, 세계사, 수학, 물리, 화학, 생물, 천문학, 체육 등 8개 분야의 교과서에 나타난 남북한의 학술용어를 비교한 연구이며, 이에 이어지는 『남북 교과서 학술 용어 비교 연구 2』(2008)는 국어 문법, 문학, 기술, 미술, 음악, 지구과학, 국토지리, 세계 지리, 한문 등 9개 분야의 교과서에 나타난 남북한의 학술용어를 비교한 연구이다. 남북한의 학술용어에서 대응쌍이 존재하면서 서로 다른 것들을 크게 '어휘의 정체성에 대한 태도에 따른 차이', '표기법에 따른 차이', '외래어 수입원에 따른 차이', '어형에 따른 차이', '기타 표현의 차이'로 나누었다.

『남북한 언어 차이 조사 2 — 고유어 편』(1989)는 서울과 평양에서 간행된 사전의 표제어를 비교한 결과 중에서, 남한 사전에는 없고 북한 사전에 있는 고유어 1만 4천여 개를 정리한 것이다. 『남북한 언어 차이 조사 3 — 한자어·외래어 편』(1990)은 서울과 평양에서 간행된 사전의 표제어를 비교한 결과 중에서, 남한 사전에는 없고 북한 사전에 있는 한자어 2만여 개, 외래어 5백여 개를 정리한 것이다.

[3] 남북 언어의 통합 방안 연구

남북 언어 문제를 접근하려는 목적은 궁극적으로 분단을 극복하면서 남북통일이 이루어질 경우를 대비하여 국가 차원의 규범언어를 단일하게 정립하려는 준비를 하기 위해서라고 할 수 있다. 이를 위해서는 북한의 규범언어를 이해하여야 하고, 이를 위해서는 그 현재의 모습뿐 아니라 성립

과정도 같이 이해하여야 한다. 따라서 북한의 언어정책 전반에 대한 연구와 어문규범의 변천에 대한 연구, 순화에 대한 연구가 이루어졌는데, 지금까지 이루어진 남북한 언어의 통합 방안과 관련한 연구에 해당하는 성과는 다음과 같다.

(14) 남북한 언어의 통합 방안 연구 성과

『북한의 언어정책』, 국립국어연구원, 1992.

『컴퓨터 처리분야 남북한 언어동질화 방안 연구』, 문화체육부, 1996.

『북한어 연구 논저 해제집』, 국립국어연구원, 2001.

『남북한어의 공동 순화 방안 연구』, 문화관광부, 2002.

『남북 언어 순화 자료집』, 국립국어연구원, 2002.

『제1차 남북 국제 학술 회의 논문집』, 국립국어연구원, 2002.

『제2차 남북 국제 학술 회의 논문집』, 국립국어연구원, 2003.

『북한의 국어 연구 자료 구축 1: 1946~2000』(시디롬), 국립국어원, 2004.

『북한의 국어 연구 논저 목록 2: 1946~2004』(시디롬), 국립국어원, 2005.

『남북한 어문 규범 연구사』, 국립국어원, 2005.

『남북 체육용어 통일을 위한 국제학술회의 결과보고서』, 국립국어원, 2007.

『2009년 남북 언어 학술대회 논문집』, 국립국어원, 2009.

『남북 언어 통합과 재일동포 언어 국제학술대회 논문집』, 국립국어원, 2011.

[4] 지역 방언 연구

한국어 정보화 사업인 '21세기 세종 계획'의 하나로 남북 언어의 자료를 구축하는 한민족 언어 정보화 사업이 추진된 바 있다. 21세기 세종 계획은 1998년부터 2007년까지 10년간 국립국어원이 주관하여 추진하였다. 한민족 언어 정보화 사업 중 하나는 한국 방언 검색 시스템 구축 사업이다. 3년에 걸쳐 남한, 북한, 중국 및 그 밖의 지역 방언에 대해 기존에 조사한 자료를 정리하여 검색할 수 있도록 하였다.

각 지역에서 지역민들이 독자적으로 발전시켜 온 방언은 그 지역의 문화와 역사를 고스란히 담고 있는 문화유산이지만, 최근 이러한 방언은 소멸 위기에 놓여 있는 현실을 극복하기 위해 국립국어원에서는 2004년부터 10년 계획으로 지역어 조사 사업을 추진하였다. 각 지역어의 특성을 보존하기 위하여 새롭게 질문지를 만들어 동일한 항목에 대한 조사를 하였으며, 일정한 시간 제보자가 자유롭게 이야기한 구술발화도 함께 조사하였다. 조사 지역은 국내외 모든 한국어로 넓혀 추진하여 남한과 북한, 그리고 국외 동포 거주 지역에 대한 조사도 함께 진행하였다. 조사 사업 초기부터 북한 지역 방언 조사도 함께 계획하여 북한의 사회과학원 언어학연구소와 협력하여 동일한 방법으로 북한에서도 방언 조사가 이루어질 수 있도록 추진하였다. 2003년 베이징에서 열린 제2차 남북 국제 학술 회의에서 이에 대해 토론하고 기본적으로 다음과 같이 협의하였다.

“학술모임에서 제기된 방언 조사에 대한 의견”

국제고려학회 아시아분회가 조직한[4] 학술모임에서 남과 북, 해외의 국어

4 2003년 베이징에서 열린 제2차 남북 국제 학술 회의는 국립국어원과 북한의 사회과학원 언어학연구소가 참여한 회의이고, 실제적인 주관은 국립국어원이었으나, 형식적으로는 중국에 있는 학술기관이 맡아서 개최하는 것으로 하였다. 그래서 베이징대학 조선어문연구소 이선한 소장이 맡아 주선하였는데, 그의 직함은 국제고려학회 아시아분회 분회장이었다. 그래서 형식상 주최 기관이 중국에 있는 국제고려학회 아시아분회가 되었다.

학자들은 민족의 귀중한 문화유산인 방언이 최근 급격히 소멸해 가고 있는데 우려하면서, 방언을 정확히 그리고 빠짐없이 수집하여 보존할 필요성에 대하여 생각을 같이 하였다.

회의 참가자들은 서로의 목적과 계획에 따라 방언 조사를 진행할 의향을 표시하였다. 이에 따라 같은 조사 방법과 학술적 기준을 가지고 방언 조사를 진행하기 위하여 공정별, 언어대상별 조사 원칙과 방법을 토론하였다.

국제고려학회 아시아분회는 방언 조사 사업을 추진하기 위한 방언 조사 설비와 수단, 경비를 지원하기로 하였다.

2003년 11월 7일

구체적인 토론 내용은 다음과 같이 별도로 정리하였다.

1) 조사 자료

1. 전사 자료, 음성 자료, 화상 자료 등 세 가지를 구축한다.
2. 자료의 동질성을 위해 남북이 동일한 기자재(디지털 녹음기-비디오카메라)를 사용한다. 이를 위해 남측은 기자재와 조사비를 북측에 제공한다.

2) 조사 내용

1. 어휘목록 조사: 조사항목의 내용과 분량은 따로 교환하여 확정한다.
2. 문장 시나리오 조사: 옛 설화 등을 작성하여 방언으로 말하게 하여 조사한다.
3. 자연 발화 조사: 세시풍속, 마을의 이야기 등의 자연 발화를 조사한다.

3) 조사 지점

1. 군 단위를 조사 지점으로 한다.
2. 단계적으로 해외 동포의 방언도 대상으로 삼는다.

4) 조사자와 제보자

1. 조사자는 양측의 연구사로 한다.
2. 제보자는 토박이 방언 사용자로서 고령자로 하되, 방언 조사 일반 원칙에 따른다.

5) 조사 계획

1. 시범 조사(2004년 1월~6월)
2. 본 조사(2004년 7월~): 시범 조사 자료 교환 때에 구체적으로 다시 의논한다.

그 이후 시범 조사를 실시하고 이를 바탕으로 본 조사를 남북에서 함께 실시하였다. 그러나 북한의 방언 조사는 한두 해 진행되다가 여건상 제대로 추진되지 못하고 중단되었다. 북한 여건상 각 지역으로 조사자가 며칠간씩 출장 가서 조사하는 것이 쉽지 않다고 하였다. 그러나 지역어 조사 사업은 그 이후 제4장에서 살펴볼 『겨레말큰사전』 편찬 사업의 하나로 미약하나마 2008년까지는 이어졌다.

다만 국립국어원과 사회과학원 언어학연구소가 함께 추진한 지역어 조사 결과물 일부는 국립국어원이 확보할 수 있었다. 그 가운데 평안북도 구장 지역의 자료는 견본으로 편집한 바 있다. 그 서지 사항과 차례를 제시하면 다음과 같다.

(15) 지역어 구술 자료 총서 10-1, 『평북 구장 지역의 구술 자료』

초판 제1쇄 인쇄 2006년 12월 26일

초판 제1쇄 발행 2006년 12월 30일

지은이: 홍석희

펴낸곳: 태학사

차 례: 마을 환경과 배경 pp.7－35

일상 의례 pp.37－64

생업 활동 pp.65－117

거주 생활 pp.119－131

4. 북한 국어정책기관의 어휘 다듬기 활동

북한의 경우 어휘 다듬기 활동은 전적으로 정부기관에 의해 추진되었다. 민간 학술단체로서 조선언어학회가 있지만, 조선언어학회가 어휘 다듬기 활동을 수행하였다는 자료가 없고, 또한 조선언어학회의 인적 구성은 사회과학원 언어학연구소와 그대로 겹쳐 있다. 현재 언어학연구소 소장인 문영호 선생이 조선언어학회 회장이며, 정순기 전 소장이 부회장, 언어학연구소 최병수 실장이 서기장이다.

1) 북한의 국어정책기관

북한에서 국어정책을 입안하고 추진하는 기관에는 과거에는 조선어문연구회, 과학원 어문학연구소, 학술용어사정위원회 등이 있었고, 현재는 조선어문연구회, 과학원 어문학연구소의 뒤를 이은 사회과학원 언어학연구소와 학술용어사정위원회의 뒤를 이은 내각 직속의 국어사정위원회가 있다.[5]

[1] 조선어문연구회

1946년에 설립된 김일성종합대학에 1947년 2월 조선어문연구회가 설립되었다. 북한에서 조선어문연구회가 본격적으로 언어와 문자에 대한 체계적인 연구를 시작하였다. 그 뒤 1948년 10월 언어와 문자에 대한 연구를 더욱 강화하기 위하여 이 연구회를 교육성으로 이관하였다.

이 연구회는 1948년 1월에 『조선어신철자법』을, 1949년 12월에 『조선어문법』을 발간하였으며, 조선어사전 편찬에 착수하였다. 1949년에는 기관지로 『조선어연구』를 창간하였다. 주로 조선어학자들의 논문과 소련의 언어 이론을 소개하였다. 그 뒤 이 연구회는 1952년 과학원 설립과 함께 개편되있다.

[2] 과학원 언어문학연구소

1952년 10월 북한에 학술기관으로 과학원이 설립되면서 조선어문연구회는 과학원 안의 '조선어 및 조선문학연구소'로 개편되었고, 1956년에는 언어문학연구소로 개편되었다.

언어문학연구소는 언어학연구실, 문학연구실, 외국문학연구실, 사전편찬실 등으로 구성되었다. 다음에 소개할 학술용어사정위원회가 주로 어휘 다듬기 활동을 편 것에 비해 이 연구소는 언어 전반에 대한 정리와 통제

5 북한의 국어정책기관에 대해서는 고영근(1988:63-81) 참조. 좀 더 구체적인 내용은 2013년 중국에서 가진 '관계인사'들과의 면담을 통하여 확인한 바 있다. 이에 대해 관계인사들의 설명에 감사한다.

활동을 수행하였다. 『조선어신철자법』 대신에 『조선어철자법』을 마련하였으며, 『조선어외래어표기법』을 제정하고, 계몽적 성격의 『말과 글』을 발간하였다(1958~1962). 또한 언어학 학술지로서 『조선어문』을 발간하다가(1956~1960) 1961년에는 『조선어학』을 창간하였다.

『조선어문법』이란 이름으로 어음론과 형태론을 다룬 첫 권을 1960년에, 문장론을 다룬 둘째 권을 1963년도에 발간하였다. 1956년에 올림말 4만 1,927개인 『조선말소사전』을 발간하였고, 1960년 8월부터 1962년 11월까지 『조선말사전』 전 6권을 발간하였다. 18만 7,137개의 올림말을 실은 중사전 유형의 규범뜻풀이사전이라 한다.

그런데 1964년 2월 과학원의 사회, 인문 분야를 분리하여 사회과학원을 새로 설립하면서 이 연구소는 언어학연구소로 개편되었다.

[3] 사회과학원 언어학연구소

1964년 2월 사회과학원이 신설되면서 언어문학연구소는 문학연구소와 언어학연구소로 개편되었다. 소장은 김병제 선생이 맡았다.[6] 그 이후 소장으로는 홍기문, 하치진에 이어 정순기 선생이 맡았으며(1983~1998), 1998년부터 지금까지는 문영호 선생이 맡고 있다. 언어학연구소는 당 정책기관의 지휘 감독을 받으며 국가에서 부과하는 언어학 관련 연구 과제를 수행한다. 이를 위해 초기에는 부속연구실을 두었는데, 현대조선어, 언어문화, 조선어역사 및 조선어방언학, 일반언어학 및 비교언어학, 외국언어학 등이다. 현재는 다음과 같은 8개의 연구실로 구성되어 있다. 연구실장은 방린봉, 권종성, 최병수, 안경상, 홍석희, 리승길 등으로 알려져 있다.

---

6 개편 초기의 소장은 김병제 선생이고 부소장은 최정후로 알려져 있다. 한편 초창기 조선어문연구회와 과학원 언어문학연구소의 소장은 리극로 선생이 맡았다. 1948년부터 1956년까지.

(16) 언어학연구소의 연구실 구성

사전, 문법, 리론언어학, 응용언어학, 실험음성학, 어사, 지명, 자료

현재 연구원 수는 대략 60여 명이다. 그리고 사회과학원에 사회과학대학이 설치되어 있어, 학부와 대학원 과정에 소요에 맞추어 간헐적으로 언어학 전공자를 선발하여 교육의 기능도 수행한다.

기관지로는 그 이전부터 있던 『조선어문』과 1968년에 창간한 『문화어학습』이 있었다. 『조선어문』은 격월간으로 발간되던 것이 그 사이 중단되었다가 1986년에 복간되어 지금은 계간으로 발행되고 있다. 『문화어학습』은 일반 대중을 위한 우리말 학습지로서 문화어 보급에 앞장서서 말다듬기 활동을 전개하였다.

이 연구소는 연구원들의 공동 연구로 많은 단행본과 국어사전을 발간하였다.[7] 먼저 사전 발간이다. 1992년에 "우리 나라 력사에서 문화사적의의를 가지는", "우리 나라 사전리론발전과 사전편찬과정을 총화하고 집대성한" 『조선말대사전』 1, 2권이 사회과학원 언어학연구소 사전편찬집단에서 편찬하고 사회과학출판사에서 출판하였다. 33만여 개의 방대한 올림말을 실은 종합적 성격의 문화어규범사전이라 하였다. 『조선말대사전』은 "주체성의 원칙과 당성, 로동계급성의 원칙에서 언어학이 도달한 성과를 집대성하여 편찬된 종합적성격의 규범사전으로서 민족어의 주체적발전과 언어생활의 개선에 적극 기여하고있을뿐아니라 온 사회의 주체사상화위업수행에 적극 이바지하는 참된 길동무로서의 역할을 훌륭히 수행하고있다."라 스스로 평가하였다.

2000년대에 들어서는 『조선말대사전』의 증보판을 역시 사회과학원 언어학연구소 사전편찬집단에서 편찬하고 사회과학출판사에서 출판하였다.

---

7 언어학연구소의 사전 편찬과 저서 발간에 대한 상세한 서술은 권재일(2012) 참조.

언어학연구소 전 소장 정순기 선생의 최근 모습

2006년에 제1권, 2007년에 제2권, 제3권을 펴냈다. "시대와 민족앞에 지닌 영예로운 사명감을 깊이 자각하고 약 40만개의 올림말을 수록한" 사전으로 "수많은 새 올림말을 보충하였을뿐만아니라 1992년판 사전에서 부정확하고 불합리한 점들을 찾아내어 수정가필하였다."고 머리말에서 밝히고 있다. "21세기의 첫 우리 말 뜻풀이사전"임을 강조하면서 "실력전, 지식전의 열풍이 휘몰아치는 21세기에 사는 지식인들과 근로자들의 언어학습과 언어생활개선에 적지 않은 도움을 주며 민족어의 주체적발전을 이룩하는데 기여하리라고 믿어마지 않는다."고 밝혔다.[8]

2005년, 언어학연구소에서는 새 세기에 들어서면서 우리의 언어과학을 시대의 요구에 맞게 발전시키고 새로운 언어학 분야를 개척하기 위하

---

8 참고로 이 『조선말대사전』의 집필자, 심사자를 들어 둔다. 이들은 바로 사회과학원 언어학연구소의 주요 연구원들이다.
- 집필 및 편찬: 문영호, 방린봉, 정순기, 박상훈, 리기원, 김영렬, 리금일, 김광혁, 김남수, 최병수, 리기만, 권종성, 안경상, 홍석희, 백운혁, 서학순, 안순남, 장근수, 리영수, 김동철, 강정순, 박순이, 최광훈, 리성호, 리호경, 김문섭, 송윤금, 김철호, 김광영, 박명훈, 오금화, 명순영, 고인국, 김옥희, 오철만, 우철남, 장영남, 김광철, 김창철, 박인직, 조봄순, 황성옥
- 심사: 김성근, 김동찬, 방정호, 리승길

여 규범문법적 이론서인 『조선어학전서』를 발간하였다. 서문에 이 전서의 성격을 다음과 같이 밝히고 있다.

> 지난 50여 년간에 이룩된 우리의 언어과학연구 성과를 종합체계화하는 한편 민족어의 개화발전과 정보시대의 요구를 구현하는 동시에 최신 언어공학의 연구성과들을 널리 받아들이는데 깊은 주의를 돌리였다.
>
> 전서는 주체의 방법론에 기초하여 언어리론과 언어정책, 언어구조와 언어발전력사, 언어정보론과 언어공학을 전면적으로 연구체계화하며 언어현실과 언어자료들을 과학적으로 분석평가, 리용하는데 기여하리라고 믿는다.

이러한 『조선어학전서』는 북한의 일반언어학 연구와 규범적 언어 연구의 성과를 집대성한 것으로 그 발간의 의의는 크다고 평가한다. 『조선어학전서』의 기본 성격은 일반언어학 연구와 규범적 언어 연구의 성과를 집대성한 것으로 볼 수 있다. 일반언어학적 관점에서 우리말을 이론적으로 접근하였으며, 한편으로는 규범적 언어 연구를 지향한 것이라 할 수 있다. 『조선어형태론』에 다음과 같은 언급이 이를 대변해 준다. "리론적깊이를 보장하여 일부 실천적인 문제들에 해답을 주는 방향에서 집필하면서 종합적인 규범문법도서로서의 체모를 벗어나지 않게 하려고 한다."

『조선어학전서』는 모두 47권으로 되어 있으며, 아래에 제시하는 것과 같이 11개 분야로 나누어 편찬하였다. 저자는 북한의 사회과학원 언어학연구소 연구원을 중심으로 하고 있으며, 출판은 사회과학출판사, 인쇄는 평양종합인쇄공장이다. 발간 일자는 2005년 1월 20일부터 시작하여 9월 25일까지이다. 그러나 이 발간 일자는 실제 집필 일자와는 일치하지 않는다. 저작의 초고 혹은 초판은 이보다 훨씬 이른 것도 있다. 이 전서의 11개 분야는 다음과 같다.

(17) 『조선어학전서』의 11개 분야

언어리론, 어학사, 어휘론, 의미론, 어음론, 문법론, 문체론, 명칭론, 방언학, 언어공학, 언어규범

[4] 학술용어사정위원회

1949년 2월 북한은 혼란에 빠진 학술용어를 통일하여 최소한도의 실용한자로 사정하여 과학 기술 발전의 기초를 확립하기 위하여 교육성 직속으로 학술용어사정위원회를 설치하였다. 이 위원회는 어문학, 수학, 물리학 등 모두 18개 분과위원회와 실용한자사정분과위원회를 두었다. 학술용어사정위원회는 나중에 국어사정위원회가 설립되면서 해체되었다.

[5] 국어사정위원회

1964년에 설립된 국어사정위원회는 다른 기관이 교육성이나 과학원에 부설되던 것과는 달리 내각 직속으로 격상되었다. 이에 따라 이 위원회는 북한 국어정책의 중심이 되어 지금까지 운영되어 오고 있다. 위원장은 과학교육문화 담당 부총리, 부위원장은 사회과학원장, 기자동맹위원장, 교육위원회 위원장이며, 위원은 20명이며, 하위 조직으로 비서처가 있는데, 현재 그 책임은 리경철 서기장이다. 분과 조직으로는 문학분과, 언어분과, 자연과학분과 등 20개가 있다.

이 기관은 정책기관으로서 주요 업무는 언어규범 제정, 어휘 다듬기 등이다. 그래서 북한의 어문규범인 『조선말규범집』(1966, 1987, 2010), 『외국말적기법』(1969, 1982, 1985) 등을 발간하였다. 가장 최근의 『조선말규범집』은 2010년 10월 9일(제1판), 12월 23일(제2판)에 발간한 것이다. 낸 곳은 조선민주주의인민공화국국어사정위원회이고 인쇄소는 사회과학원인쇄공장이다.[9]

어휘 다듬기는 5만 개 중 2만 5천 단어를 정리하여 『다듬은말』을 1986

년 10월 과학, 백과사전출판사에서 발간하였다. 이전에 발간한 『다듬은말』 1·2·3, 『다듬은말묶음』 등은 이때 폐기하였다.

2) 북한의 주체의 언어 이론과 평양 문화어

북한의 언어관에 바탕을 둔 언어 연구는 "주체의 언어리론"에 기대고 있다. 『조선어학전서』 제1권인 최정후 지은 『주체의 언어리론』에서 서술하고 있는 주체의 언어 이론을 통해 북한의 언어관과 언어 연구의 경향을 살펴보기로 하자.[10]

주체의 언어 이론은 무엇보다 먼저 언어과학의 기본인 언어의 본질과 기능에 관한 문제를 사람 중심의 철학적 세계관에 기초하여 과학적으로 새롭게 해명한다고 천명하였다. 그리고 이 이론은 민족어를 고수하고 발전시키려는 이론을 독창적으로 해명하였다고 한다. 궁극적으로는 "로동계급의 당과 국가가 올바른 언어정책을 세우고 우리 시대의 언어발전의 방향에 따라 자기 민족어를 주동적으로 발전시킬수 있는 넓은 길이 열리게 되였다."라고 하였다.

또한 주체의 언어 이론은 평양문화어를 건설하고 발전시키려는 이론을 세웠는데, 평양문화어를 건설해야 하는 이유를 다음과 같이 제시하였다. "우리 나라에서 표준으로 삼아야 할 언어는 곧 평양문화어이다. 평양문화어는 력사발전의 새 시대, 사회주의시대를 대표하는 언어이다. 자본주의사회에서 형성발전된 민족어는 새 시대를 대표할수 없다. 따라서 사회주의적민족어건설에서 평양문화어를 기준으로 하는것은 사회주의사회

---

9 『조선말규범집』을 직접 구해 주고 이에 대해 설명해 준 중국 중앙민족대학 태평무 교수께 감사한다.

10 주체의 언어 이론에 대한 좀 더 구체적인 내용은 권재일(2012) 참조.

발전의 보편적요구이며 동시에 사회주의적민족어형성발전의 합법칙적요구이다."

평양문화어 건설의 원칙에 대해서는 다음과 같이 서술하였다. "평양은 나라의 정치, 경제, 문화의 중심지이며 여기에는 성을 비롯한 중앙기관들과 과학문화기관, 출판보도기관들이 집중되어있는 곳이며 또한 교통체신망이 집결되여있는 곳으로서 전국각지의 주민들과의 련계와 접촉이 가장 긴밀하고 빈번한 곳이다. 이와 함께 평양은 력사적으로 볼 때에도 조선어발전의 중심지적역할을 한 곳이다. 또한 평양말은 지역적언어적차이를 초월하여 민족어의 우수한 요소들이 합쳐 이루어진 발전된 언어이다."[11]

3) 북한 국어정책기관의 어휘 다듬기 활동

북한의 어휘 정리 작업, 즉 문화어 말다듬기 활동은 김일성의 언어정책에서 시작된다. 이른바 두 차례의 교시를 통해 전개되기 시작한다. 문화어라는 말은 다음의 1966년의 교시에서 처음 사용되었으며 『문화어학습』 1968년 창간호에서 '혁명의 붉은 수도 평양에서 이루어진 우리의 문화어'라는 제목으로 언급되었다.

(18) **교시**

a. 제1차 교시 1964, 「조선어를 발전시키기 위한 몇가지 문제」 (『문화어학습』 1968년 2호)

b. 제2차 교시 1966, 「조선어의 민족적특성을 옳게 살려나갈데 대하여」 (『문화어학습』 1968년 3호)

---

11 곽충구(2001:23－25)의 기술에 따르면, 북한 문화어는 기존의 서울 중심의 표준어와 여기에 평양뿐만 아니라 북한 지역에서 두루 쓰이는 방언이 가미된 것이다.

북한에서는 말다듬기의 대상을 '정리할 대상 어휘'와 '눌러두고 쓸 어휘'로 나누어 구분하고 있다. 먼저 '정리할 대상 어휘'에서 구체적으로 다듬을 대상을 다음과 같이 제시하고 있다(박상훈 2005a).

첫째, '고유어와 뜻 같은 관계에 있는 외래적어휘'이다. 외래적 어휘를 말다듬기의 대상으로 삼은 이유는 고유어와 의미상 통하는 외래어는 고유어가 가지는 민족 고유의 특성을 소극적으로 만들고 어휘 구성 속에서 고유어의 비중을 약화시키기 때문이다. 한자어 '채소'를 '남새'로, '견치'를 '송곳이'로, '하복'을 '여름옷'으로 다듬은 것이 그 예이다.

둘째, '같은 뜻의 고유어가 없는 외래적어휘로서 어렵고 까다로운 말'이다. 이러한 외래적 어휘 부류에는 '인민, 군대, 혁명, 경제, 과학, 뜨락또르, 와이샤쯔' 등과 같이 그 뜻이 사람들에게 명백히 이해되는 것도 있고, 그렇지 않고 어렵고 까다로운 것도 있다. 어렵고 까다로운 외래적 어휘의 예를 다음과 같이 들었다. '도장지(헛가지), 발사(실뽑기), 축수란(주름알), 조시(굵은 모래)'. 구체적으로는 자립적 단어로 쓰이지 않는 한자어를 말뿌리로 하여 조성된 어휘, 우리말 문법규칙과 다른 한자식 문법규칙에 따라 이루어진 한자어, 다의성을 띠는 한자어, 어떤 뜻으로 쓰였는지 짐작하기 어려운 한자어, 단어의 구성요소를 통해서는 단어 뜻을 직접 알아볼 수 없게 구성요소들이 결합된 한자어 등이다.

셋째, '사상의식에 부정적영향을 미치는 어휘'이다. 사상 의식은 공산주의적, 민족적 색채가 강하게 투영되어 있는 것을 말하고, 부정적 영향을 미치는 어휘란 낡은 말과 비문화적인 말이다. 예를 들어 식물명과 동물명에서 '개명태, 개오동, 개고기, 쥐똥나무' 등이 고유한 우리말이긴 하지만, '개-, 쥐-' 등은 어감이 좋지 않고 비문화적이라고 판단하여 이를 '짝태, 향오동, 단고기, 검정알나무' 등으로 바꾸었다.

다음으로는 눌러 두고 쓸 어휘에 대한 내용인데, 말다듬기 대상이 되는 것을 지나치게 넓힐 경우에 우리말의 표현력을 약화시키고 사회적 기능을 저하시키기 때문에 말다듬기에서는 다음과 같은 눌러 두고 쓸 어휘에 유의해야 한다는 것이다.

첫째, '굳어진 한자말이나 외래적어휘'이다. 오래전부터 사용되어 관습화된 한자어를 말한다. 북한은 대대적인 말다듬기 사업으로 만든 말을 나중에 다시 환원한 바 있는데, 이는 이미 일반 대중들에게 토착화된 말까지 다듬은 결과이다. 한자어라고 하더라도 사람들에게 확고하게 인식되고 우리말로 완전히 굳어버린 것은 그냥 두어야 한다는 것이다. '수염, 양말, 사발, 방, 문, 책, 별안간'과 같은 한자어가 이에 속한다.

둘째, '세계공통적인 어휘'이다. 인류 사회의 발전을 위한 민족들 사이의 접촉과 교류하는 과정에 많이 쓰이는 개념들을 편리하게 표현하면서 민족어의 표현력을 높이는 어휘는 정리 대상에서 제외한다. 그 조건은 다음과 같이 명시하였다. '세계 공통적인 어휘로 공인된 것'과 '민족적 특성에 배타적인 성격을 띠지 않는 것'이다. '로케트, 라지오, 텔레비죤, 아그레망, 키로, 메터, 필림, 카세트, 콩크리트' 등이 이에 속한다. 될 수 있는 대로 외래어를 쓰지 말아야 하겠지만 외래어를 어느 정도 쓰는 것은 피할 수 없으며 특히 과학기술 용어는 외래어를 적지 않게 써야 할 것이라는 것이다.

이제 말다듬기의 절차와 방법에 대해 살펴보기로 하자. 기본적으로 말다듬기 대상이 되는 용어는 전문용어 분과위원회에서 각 분야의 대상 어휘를 파악하여 집체적으로 협의한 다음 국어사정위원회를 통해 확정하는데, 이것이 그대로 법적 효력을 가진다.[12]

그런데 이 과정에는 다듬은말의 시안에 대한 사회적 심의를 수행하고,

12 전문용어 분과위원회의 각 분과는 다음과 같다. 의약학, 금속, 생물학, 농학, 자연과학, 건설수리, 전기체신, 일반, 기계, 경공업, 상품이름, 문화예술, 사회과학, 체육, 수산해양, 운수, 지질광업, 임업.

최종 결정된 이후에는 자료집을 발간하여 배포하게 된다. 1967년에서 1969년까지는 해마다 1권씩 1천5백~4천 개 어휘를 실은 『표준초고』를 각 기관에 배포하였다. 1968년에서 1976년까지는 2년마다 4천~1만 개 어휘를 담은 『다듬은말』, 『표준초고』를 배포하였다. 1978년에는 사전 형식의 어휘 4만 개를 실은 『다듬은말묶음』을 발간하였다.

1980년대, 1990년대에도 토박이말 사용을 중시하는 정책은 계속되었다. 1980년대 전반기에 1천여 개의 동식물 어휘들을 다듬어 심의 발표하고 1백여 개의 벼, 과일 이름을 다듬어 배포했으며 수백 개의 광물, 고생물 이름을 배포하였다. 1990년대에 들어와 1천2백여 개의 외래어를 다듬어 심의한 『다듬은 외국말 료리, 식료품 및 공업품이름』과 2천 개에 달하는 컴퓨터 용어를 사정하였다.

말다듬기 과정에서 사회적 심의를 거쳤다고 하였는데, '주체적 언어 사상으로 철저히 무장시키기 위해' 대대적인 정치사상 사업을 전개하였으며 말다듬기 지상 토론을 통해 대중들의 의견을 수용하였고 전문가들과의 협의를 진행하였다.

말다듬기 지상 토론은, 1966년부터 국어사정위원회와 사회과학원 언어학연구소 산하 18개 전문용어 분과위원회에서 말다듬기를 진행하면서, 중앙과 지방의 신문, 계간지(『문화어학습』)를 통해 토론하였다. 해당 전문용어 분과위원회에서 다듬은말 가운데 문제성이 있는 말들을 골라 한 번에 15개 정도씩 신문과 잡지에 내고 독자들의 의견을 듣는 방향으로 진행하였다. 1966년 7월부터 12월까지 166회의 말다듬기 지상 토론을 통하여 1,590개의 어휘를 토론 대상에 올렸는데, 노동자, 지식인, 사무원, 청년 학생, 일반 주민이 참여하였다. 이때 '노크', 축구의 '벌축', 배구나 권투의 '타격'을 '손기척, 벌차기, 때리기, 치기' 등으로 다듬었다. '편람'을 '알아보기', '간식'을 '새참'으로 다듬은 것도 마찬가지이다. 이러한 지상 토론은 1980년대까지 계속되었다.

이렇게 하여 1964년부터 국가적 사업으로 추진된 어휘 다듬기 활동에서 20여 년간 다듬은 한자어와 외래어는 대략 5만여 어휘였다. 그러나 1986년 10월에 이러한 5만여 어휘를 대대적으로 정리하였다. 널리 쓰이는 파악성 있는 용어라 하여 2만 5천 어휘만 남기고 절반을 폐기하였다. 그 결과는 1992년에 발간한 『조선말대사전』에 반영하였다. 이때 다듬은 말 '얼음보숭이'가 사라지고 '아이스크림'이 되살아났다. 물론 현실에서는 지금 아이스크림을 '에스키모'라 한다.[13]

이제 그간 북한에서 다듬은말 몇몇 예를 살펴보기로 하자.[14] 먼저 1986년 이전에 다듬은말 예이다. (19)는 한자어를 토박이말로 다듬은 경우인데, 현재 대부분 이 다듬은말은 쓰이지 않고 본래말이 쓰인다. 다만 다음 예에서 본래말 '완구, 홍수'보다는 다듬은말 '놀이감, 큰물'이 주로 쓰인다.

---

13 남한 사람들에게 '북한에서 아이스크림을 무엇이라 하는지 아느냐'라 물으면 거의 대부분이 '얼음보숭이'라 대답한다. 그러나 그렇지 않다. 북한에서는 아이스크림을 '에스키모'라 한다. 북한의 『조선말큰사전』에서 '에스키모'를 찾아보자.
"소젖, 닭알, 사탕가루, 향료 같은것을 섞어 한데 풀어서 크림 비슷하게 하여 얼음같이 차게 하거나 얼음과자처럼 만든 음식의 하나. 제조기에서 균질화하여 잔이나 종이에 싸거나 종이고뿌에 담아낸다."
북한에서 외래어 다듬기를 하면서, 앞에서 본 바와 같이 '얼음보숭이'를 제시한 바 있지만, 실제 언어생활에서는 한 번도 쓰이지는 않았다고 한다. 북한에서 다듬은말로만 제시되었던 것이 남한 사회에 어쩌다가 널리 알려진, 잘못된 정보였다고 하겠다. 그러면 왜 에스키모일까? 상표가 상품을 대신하는 경우가 더러 있다. 승합차 상표의 하나였던 '봉고'가 이제는 우리 사회에서 승합차를 가리키는 일반 명칭으로 자리 잡았다. 접착용 셀로판테이프를 상품명이었던 '스카치테이프'라고 부르는 것, 일회용 반창고를 '대일밴드'라 부르는 것이 모두 같은 예이다. 에스키모는 바로 이러한 예라 하겠다. 한편, '아이스케키'는 '얼음과자'로 다듬었다.

14 여기에 인용하는 어휘는 『조선말큰사전』 1992년판과 2006/2007년판을 통해 확인하였다. 다듬은말에 대한 용례는 참고문헌에 제시된 기존의 앞선 연구 참조.

(19)

본래말	다듬은말	현재 쓰이는 말
근사치	→ 가까운값	근사치, 근사값
기금	→ 밑돈	기금
기성복	→ 해논옷	지은옷
단비	→ 약비	단비, 약비
로안	→ 돋보기눈	로안, 돋보기눈
마사	→ 잉아끈	베실
미저골	→ 꼬리밑뼈	미저골, 꽁무니뼈
목두채	→ 두릅씩	두릅나물
반나절	→ 한겻	반나절, 한겻
방사형	→ 바퀴살모양	바퀴살모양, 해살형
식도	→ 밥길	식도
열용량	→ 열들이	열용량
완구	→ 놀음감	놀이감, 장난감, 완구
정전기	→ 고요전기	정전기
조숙성	→ 쉬자람성	조숙성
조준	→ 묘준	조준, 묘준
진정제	→ 가라앉힘약	진정제
청사진	→ 푸른사진	청사진
투영	→ 비추기	투영
홍수	→ 큰물	큰물, 홍수
후불	→ 뒤치르기	후불

다음 (20)은 외래어를 토박이말로 다듬은 경우인데, 현재 본래말이 쓰이는 경우도 있고, 다듬은말이 쓰이는 경우도 있다.[15]

(20) 본래말	다듬은말	현재 쓰이는 말
나이프	→ 상칼	상칼, 밥상칼
네트오버	→ 손넘기	네트오버, 그물넘기
런닝샤쯔	→ 땀받이	런닝샤쯔, 런닝그, 런닝[16]
로타리	→ 돌이판	로타리
발코니	→ 내민대	발코니
브래지어	→ 유방띠	유방대, 가슴띠
아이스크림	→ 얼음보숭이	에스키모
에피소드	→ 곁애기	에피소드
원피스	→ 외동옷	달린옷
쩨리	→ 단묵	쩨리, 단묵
커텐	→ 창문보	창문보, 창가림
파마	→ 볶음머리	파마
팬더곰	→ 참대곰	참대곰

다음 (21)은 방언을 되살려 다듬은 몇 예인데, 현재 본래말과 다듬은말이 함께 쓰이는 경우도 있고, 다듬은말만 쓰이는 경우도 있다. 괄호 안의 지명은 방언이 사용되던 지역이다.

---

15 그런데 일본식 외래어 가운데 그대로 둔 것들도 있다. 몇 예를 들어 보면, '고뿌, 다이야, 뎀뿌라, 도마도, 딴스/단스, 레루, 레씨바, 리봉, 마이싱, 뻬스, 뼁끼, 뻰찌, 뽀마도' 등이다. '뻬스'란 basse로, '흥을 돋구기 위하여 덧넣은 가락'이라 뜻풀이하였다.

16 '땀받이'는 현재 '땀을 받아내려고 껴입는 옷'처럼 다른 뜻으로 쓰이고, '런닝샤쯔, 런닝그, 런닝' 등으로 쓰인다. '런닝샤쯔'의 뜻풀이를 보면, '소매가 없는 주로 맨 속에 입는 옷샤쯔의 하나. 흔히 면직물로 만든다'.

(21)

본래말	다듬은말		현재 쓰이는 말
가볍다	→ 갑삭하다	(평안)	가볍다, 갑삭하다
감기	→ 고뿔		감기, 고뿔
강낭콩	→ 당콩	(평안)	강남콩, 당콩
고누	→ 꼬니	(함경)	꼬니
고물	→ 보숭이		고물, 보숭이
고함	→ 아부재기	(함경)	고함, 아부재기
곧장	→ 직발	(평안)	곧장, 직발
까다롭다	→ 말째다	(평안)	까다롭다, 말째다
깐깐하다	→ 까끈하다	(평안)	깐깐하다, 까끈하다
깨다	→ 마스다		깨다, 마스다
다리	→ 달비	(평안, 함경)	달비
달걀	→ 닭알		닭알
대님	→ 고매끼		대님, 고매끼
때리다	→ 답새다	(함경)	때리다, 답새다
떠들다	→ 고아대다	(평안)	떠들다, 고아대다
명아주	→ 능쟁이	(평안, 함경)	능쟁이
문틈	→ 문짬	(평안)	문틈, 문짬
벗기다	→ 발그다	(평안)	벗기다, 발그다
상추	→ 부루		부루
서랍	→ 빼람		서랍, 빼람
손짓	→ 손세		손짓, 손세
아쉽다	→ 아수하다	(평안)	아쉽다, 아수하다
어둑새벽	→ 어뜩새벽		어둑새벽, 어뜩새벽

여위다	→ 까다, 패리다		여위다, 까다, 패리다
연기	→ 내굴	(평안)	연기, 내굴
오그라들다	→ 까들다		오그라들다, 까들다
온종일	→ 해종일	(평안)	온종일, 해종일
우유	→ 소젖		소젖
이내	→ 인차	(함경)	이내, 인차
주위	→ 두리	(평안)	주위, 두리
질경이	→ 길짱구		질경이, 길짱구
찬장	→ 가시장	(평안)	찬장, 가시장
채신없다	→ 개채없다	(평안)	채신없다, 개채없다
터무니	→ 턱자		터무니, 턱자
핑게	→ 피탈	(함경)	핑게, 피탈
하찮다	→ 별찮다		하찮다, 별찮다
허물없다	→ 무랍없다[17]		허물없다, 무랍없다

다음은 1986년 이후에 다듬은말의 예이다. (22)는 한자어를 토박이말로 다듬은 경우인데, 현재 다듬은말이 쓰이는 경우가 대부분이다.

17 '무랍'은 '물에 만 밥'을 뜻한다.

(22) 본래말	다듬은말	현재 쓰이는 말
가발	→ 덧머리	가발, 덧머리
각선미	→ 다리매	각선미, 다리매
객토	→ 흙깔이	흙깔이, 깔이흙
게시판	→ 알림판	게시판, 알림판
견인차	→ 끌차	끌차
교대	→ 대거리	교대, 대거리
근시	→ 바투보기	근시, 바투보기
금성	→ 새별	금성, 샛별
기성복	→ 지은옷	지은옷
대합실	→ 기다림칸	기다림칸
로안	→ 늙은눈	로안, 늙은눈, 돋보기눈
륙교	→ 구름다리	륙교, 구름다리
마찰력	→ 쓸림힘	마찰력, 쓸림힘
만년	→ 늘그막	만년, 늘그막
만조	→ 참물	만조, 참물
분유	→ 가루젖	가루젖
산책로	→ 유보도(游步道)	유보도
서명	→ 수표(手票)	서명, 수표
소풍	→ 들모임	소풍, 들모임
수형(手形)	→ 행표(行票)	수형, 행표
암산	→ 속셈, 속가량	암산, 속셈
양계	→ 닭치기	양계, 닭치기
음반	→ 소리판	소리판
장인	→ 가시아버지	가시아버지

주장	→ 기둥선수	주장, 기둥선수
주차장	→ 차마당	주차장, 차마당
체증(滯症)	→ 배덧	체증, 배덧
표백	→ 바래기	바래기

다음 (23)은 외래어를 토박이말로 다듬은 몇 예인데, 역시 현재 본래말이 쓰이는 경우도 있고, 다듬은말이 쓰이는 경우도 있다.

(23) 본래말	다듬은말	현재 쓰이는 말
까벨	→ 케블	케블
나이프	→ 밥상칼	밥상칼
노크	→ 손기척	손기척
다다미	→ 누비돗자리	다다미, 누비돗자리
도나트[18]	→ 가락지빵	도나트, 가락지빵
드라이클리닝	→ 마른빨래, 화학빨래	마른빨래, 화학빨래
마다리스	→ 침대깔개	침대깔개
마이나스	→ 미누스	미누스
마후라	→ 목수건	목수건
모터찌클	→ 오토바이	모터찌클, 오토바이
벤또	→ 밥곽	밥곽
볼펜	→ 원주필	원주필
불도젤	→ 평토기	불도젤, 평토기
사보타지	→ 태업, 태공	태업, 태공
샤와	→ 물맞이	샤와

18 이에 앞서 '도나쯔'를 '도나트'로 다듬었다.

써커스	→ 교예	교예
양갱	→ 단묵	단묵
원피스	→ 달린옷	달린옷
카텐	→ 창가림	창가림
캠페인	→ 깜빠니야	깜빠니야
캬라멜	→ 기름사탕	기름사탕
코르세트	→ 몸매띠	코르세트, 몸매띠
투피스	→ 나뉜옷	나뉜옷
헬리콥터	→ 직승기	직승기
호크	→ 맞단추	맞단추, 걸고리

한편 북한은 1966년 9월에 '고유한 조선말지명을 조사할데 대하여'를 채택하고 고장 이름을 전국적인 범위에서 조사하였다. 이를 위해 중앙에 전국지명사정위원회를, 지방에는 지명조사위원회를 두고 지명 조사를 시행하였다. 지명 정리의 기본 원칙은 일본 식민지 잔재를 청산하고, 토박이말로 된 지명을 적극적으로 살려 쓴다는 것이었다. 그러면서도 지도자에 대한 충성이나 사회주의 사회에서의 행복감을 표현하는 정치사상적으로 의미 있는 것이 되어야 한다는 당위성 때문에 한자어를 그대로 둔 것도 있고 또 토박이말로 다듬었다 해도 정치적 색채를 더한 것도 있다.

(24) 지명 다듬기

a. 지도자 이름, 사상에서 가져온 이름

김일성광장, 개선거리, 주체탑거리, 만수대언덕, 김정숙군, 김책시, 김제원리 등

b. 현명한 지도자 영도 밑에 은혜로이 살고 있다는 의미를 가진 이름

혁신리, 풍어동, 선봉군, 영광군, 은덕군, 광명리, 문화리, 로동자

동, 방직동, 산업동 등

c. 김일성이 직접 토박이말로 지어준 이름

금실동, 은실동, 샘물동, 연못동, 새거리동, 소나무동, 새마을리, 솔밭리, 꽃핀동, 금빛동, 은빛동, 새살림동 등

이상과 같이 북한의 국어정책기관으로서 국어사정위원회와 사회과학원 언어학연구소의 말다듬기 활동을 살펴보았다. 고유한 토박이말을 지키려는 의지와 의사소통의 편리를 위하여 '계획'에 따라 어휘 정리를 수행한 것이 가장 큰 특징이라 하겠다. 어휘 정리의 목표야 남북이 다를 바 없지만, 수행 과정에서 있어서 남한이 느슨한 편이었다면, 북한은 매우 계획적이고 체계적이었다 하겠다. 김일성 교시를 바탕으로 이론을 세우고, 그 이론 체계에 따라 문화어를 정립하고 이에 맞추어 어휘를 다듬었다. 그것도 모든 영역에 걸쳤다. 1986년에 이르기까지 무려 5만 어휘를 이렇게 다듬었다. 또 하나의 특징은 지상 토론 등을 통하여 언어 사용자와 교감을 이루었다는 점이다. 남한에서 '말터'를 통해 국립국어원이 언어 사용자와 함께하는 국어 순화와 같은 맥락이라 하겠다.

그러나 지나치게 계획적인 사업에도 문제점이 없을 수 없다. 그것은 바로 5만여 어휘를 다듬은 가운데 1986년에 그 절반을 폐기한 데서 알 수 있다. 다듬은말이 지나치게 생소하여 일반 대중들이 수용하기 어려웠기 때문일 것이다. 언어의 인위적인 개혁이 성공할 수도 있지만, 당연히 어려움이 따를 수밖에 없다는 것을 여기에서 확인할 수 있다. 결국, 앞에서 살펴본 남한의 국어 순화 활동과 마찬가지로, 언어는 언어 사용자들의 인식에 달려 있다고 하겠다.

5. 중국조선어사정위원회의 어휘 다듬기 활동

제1언어는 한어를 사용하지만, 제2언어로 조선어를 사용하는 중국의 조선족 역시 조선어를 규범화하는 일에 적극 노력하였다. 이들의 노력은 조선어의 어문규범을 규범화하는 일이 핵심이었지만, 이에 못지않게 조선어 속으로 파고들어 오는 한어나 외국어로부터 조선어를 다듬어 가꾸기 위한 어휘규범에도 크게 관심을 가졌다.

이러한 조선어에 대한 어문규범과 어휘규범은 『조선말규범집』으로 결집되어 있다. 가장 최근에 발간된 규범집은 2007년에 나온 『조선말규범집』이다. 중국조선어사정위원회 편찬, 연변인민출판사 발간이다.[19]

이 규범집의 머리말에 따르면 이 규범집은 『조선말규범집』(수정보충판, 1996)을 바탕으로 필요한 수정을 가하고 보충한 것이다. 이 규범집에 수록된 모든 내용은 중국조선어사정위원회에서 심의, 채택한 것이므로 중국 내 조선어 사용에서 반드시 지켜야 할 규범이라 하였다. 현행 북한의 규범이나 현행 남한의 규범과 차이가 있더라도 중국 내 조선어 사용에서는 반드시 지켜야 할 규범임을 강조하였다.

이 규범집은 2005년에 국가교육부, 국가어문사업위원회에서 설정한 "민족언어문자규범표준건설 및 정보화과학연구항목"으로서 과거의 규범집보다 국가적 차원에서 더 중시를 받았다는 데에 그 의의가 있다고 설명하였다.

중국 내에서 조선어 규범화 사업이 활기를 띠기 시작한 것은 1977년 동북3성조선어문사업협의소조가 설립되고 나서부터이고 본격적으로 추진되기는 1986년 중국조선어사정위원회가 설립된 후라고 한다. 그리고

19 이 『규범집』을 직접 구해 주고, 또한 중국 내 조선어 정황에 대해 설명해 준 베이징어언대학 한국어학과 최순희 교수께 감사한다.

1985년에 최초로 『조선말규범집』이 출판되었다. 그러나 최근에 들어와서 외국으로부터 대량의 외래어가 밀려들어 오면서 중국 내 조선어 규범화 작업은 적지 않은 애로와 난관에 부딪치고 있다. 물론 조선어 규범을 에워싸고 학자, 전문가층에서 서로 다른 주장과 견해가 있는 것은 사실이다. 그러나 현시점에서 자기의 것을 살리는 동시에 국제적 교류에 도움이 되게 해야 한다는 기본 틀은 변하지 말아야 한다는 데에 의견을 모으고 있다. 언어는 사회 현상인 만큼 해당 사회의 특성을 갖게 되는 것은 자명한 일이며, 남북통일이 이루어진 그때에 가서도 중국 내 조선말 규범화 작업은 의연히 존재하게 될 것이라 힘주어 말하고 있다.

이제 이러한 중국 내 조선어 규범화 가운데 어휘규범에 대해 살펴보기로 하자. 조선어 어휘규범에는 먼저 '조선말 명사, 술어의 규범화원칙'이 있다. 1978년 12월 5일에 심의, 채택한 것이다. 그 내용은 다음과 같다(2007년 『조선말규범집』, p.46).

(25) 중국의 조선말 명사, 술어의 규범화 원칙

a. 기존어휘들은 그대로 쓰는 것을 원칙으로 한다.

b. 새 명사 술어는 조선말단어조성법에 맞게 만들어쓰는 것을 원칙으로 한다. 그렇게 할수 없는 것은 한어나 다른 언어에서 받아들여 쓴다.

c. 어려운 한자어나 외래어는 되도록 알기 쉬운 말로 바꾸어쓰는 것을 원칙으로 한다.

d. 인명, 지명, 국가명칭 등은 "원음에 뜨고 습관을 존중"하는 원칙에 좇아 처리한다.

다음은 '다듬은말 처리세칙'이다. 1990년 2월에 심의, 채택한 것이다. 그 내용은 다음과 같다(2007년 『조선말규범집』, p.50－).

첫째, 조선과 한국에서 서로 같게 다듬어진 말에 대한 처리이다. 조선과 한국에서 서로 같게 다듬어진 말은 본래말과 함께 받아들여 쓰는 것을 원칙으로 하되, 본래말이 어렵거나 잘 쓰이지 않을 경우에는 다듬은말만 받아들여 쓰고 본래말은 버린다.

(26) a. 본래말과 함께 받아들여 쓰는 경우

가축 → 집짐승
거세 → 불치기
경작지 → 부침땅
괘도 → 걸그림
내화벽돌 → 불벽돌
루선 → 눈물샘
린경 → 비늘줄기
삼륜지전기 → 세바퀴자전거
육간장 → 고기간장
피공 → 껍질눈
화서 → 꽃차례

b. 본래말을 버리고 다듬은말만 쓰는 경우

산도 → 밭벼
엽충 → 돼지벌레
육괴 → 고기덩이

둘째, 한국과 조선에서 서로 다르게 다듬어진 말에 대한 처리이다. 먼저 우리나라 언어생활의 현실적 요구에 맞고 과학성 있게 잘 다듬어진 말은 적극적으로 받아들여 쓴다.

(27) 눈피해 → 설해
남새당콩 → 채두
앞모음 → 전모음
칼고기 → 검어

다음으로 중국 사회의 구체적 실정에 비추어 과학적 개념이 정밀하지 못한 일부 다듬은말은 받아들이지 않거나 고쳐 다듬어 쓴다.

(28) a. 받아들이지 않고 본래말을 그대로 쓰는 경우
온수어족 × 더운물물고기
위 × 밥통
입장표 × 나들표
b. 고쳐 다듬어쓰는 경우
가잠견 → 뽕누에고치 → 집누에고치
급출발 → 갑작달리기 → 갑작출발
매파 → 중매군 → 중매할멈
시간종료신호 → 끝신호 → 시간끝신호
종빈돈 → 종자암퇘지 → 씨암퇘지
c. 몇 개 다음은 말이 있지만 어느 하나도 고착시키기 어려운 것은 본래말을 쓴다.
방파제 ← 물결막이뚝, 갯둑
보식 ← 누비기, 때워심기, 끼워심기
백혈구 ← 흰피알, 흰피톨
혈청료법 ← 피물료법, 피말강이
d. 단어화하지 못하고 해석적으로 풀이하였거나 어색하게 다듬은말은 본래말을 그대로 쓴다.

가로횡단면 × 거리길 가로자름면

기변지수 × 변하는 어깨수

가측 × 잴수 있는

가해성 × 풀이 있음성

난연성 × 타기 힘들성

부향제 × 냄새돋굼감

피하주사 × 살가죽밑주사

e. 합성어에서 소괄호를 쳐 만들어진 다음은 말은 본래말을 그대로 쓴다.

련속영접 × 련속(차맞이)

수탁역 × (짐맡는 역)

어미 × (말꼬리)

제1교시 × 첫째(공부시간)

착유작업 × 기름먹이기(작업)

f. 다듬은 학술용어가 일반어적인 색채를 띠거나 용어의 체계성을 보장하기 어렵다고 인정되는 것은 본래말을 그대로 쓴다.

대엽생 × 마주난 잎

반함수역 × 덜짠물구역

수하지 × 늘어진 가지

외화실 × 바깥불칸

'조선말 명사, 술어 통일안'에서는 한어를 위의 원칙에 따라 다듬은 예를 제시하고 있다. 일부만 제시하면 다음과 같다.

(29) 중국의 조선말 명사, 술어 통일안의 예

다듬은말	한어
가격	← 牌价
가축, 집짐승	← 牲畜
감자소고기졸임	← 土豆燒牛肉
건강방, 헬스클럽	← 健康吧
게임방	← 遊戲吧
견본	← 樣品
견습공	← 學徒工
고속도도로	← 高速公路
공격수(체육)	← 進攻隊員
공기조절기, 에어컨	← 空調器
공중전화복스	← 電話亭
광대역통신망	← 寬帶網
교과서	← 課本
구독료	← 書刊費
극비	← 絶密
극장	← 劇院
기자회견	← 記者招待會
난방	← 取暖
내림표(음악)	← 降記號
농번기	← 農忙期
단식투쟁	← 絶食鬪爭
대중가요	← 群衆歌曲
대통령	← 總統
대학생대부금	← 助學貸款

더하기(수학)	← 加法
데터통신	← 數據通信
도시	← 城市
려권	← 護照
먹거리방	← 餐吧
명문대학	← 名牌大學
물리치료	← 理療
밑거름	← 基肥
발전단계	← 發展階段
번호자물쇠	← 對號鎖
법률코너	← 法律角
벼락부자, 갑작부자	← 暴發戶
보통예금	← 活期存款
부록	← 附件
불량품	← 次品
불임수술	← 絶育
비닐	← 塑料
빨간약, 마큐롬	← 紅藥水
사설	← 社論
상점	← 商行
선입견	← 成見
숙제검사	← 作業檢查
스포트광고	← 簡明廣告
쏘세지	← 香腸
압력솥	← 高壓鍋
외교부대변인	← 外交部發言人

웹사이트	← 網站
인공위성	← 人造衛星
임대	← 租賃
저금통장	← 存單
적외선	← 紅外線
전반전(체육)	← 上半場
정기항공기	← 班機
증편항공기	← 加般機
천연색텔레비죤	← 彩色電視
초빙교원	← 聘請教員
총선거	← 大選擧
추월, 앞지르기	← 超車
카세트록음기	← 盒式錄音器
콘텍트렌즈	← 隱形眼境
편의련쇄점, 편의체인점	← 連鎖便民店
학생모집	← 招生
헌혈	← 捐血
후식, 대지트	← 餐后点
휘발유	← 汽油
PC방	← 網吧

중국 내 조선족의 조선어 규범인 『조선말규범집』을 중심으로 어휘 다듬기 활동을 살펴보았다. 실제 중국 내 조선어 규범은 북한의 어문규범과 어휘규범을 근간으로 하고 있다. 극히 일부 차이 나는 점이 있지만 북한의 규범과 같다고 해도 될 정도이다.

그런데 1990년대 이후 중국이 한국과 교류하면서 경제나 문화에 있어서 한국어 교육의 필요성이 높아졌다. 그 결과 중국 내 조선어와는 다른 한국어 규범을 접하게 된 것이다. 그러나 앞서 서술한 바와 같이, 언어는 사회 현상인 만큼 해당 사회의 특성을 갖게 되는 것은 자명한 일이며, 남북통일이 이루어진 그때에 가서도 중국 내 조선어 규범화 작업은 의연히 존재하게 될 것이며, 현행 북한의 규범이나 현행 남한의 규범과 차이가 있더라도 중국 내 조선어 사용에서는 반드시 지켜야 할 규범임을 강조하였다.

이렇듯 원칙과 현실 사이에서 중국 조선어 규범과 어휘는 고민에 놓여 있다고 하겠다. 한국어를 외국어로 학습하는 대학생, 일반인들이 폭발적으로 늘어가는 현실 속에서 그 고민은 더욱 깊어가고 있다.

제4장

남북한의 어휘 단일화를 위한 노력

1. 개관

남북 언어에 대한 연구는 앞으로 전개될 통일을 대비하여 남북의 언어 차이를 최소화하고, 통일 이후에는 언어 통일과 관련된 사회적, 경제적 부담을 줄이기 위해 절실하다. 그렇기 때문에 특히 어휘 차이를 최소화하는 어휘 단일화를 위한 노력은 대단히 필요하다. 그래서 어휘 단일화의 방안을 모색하는 것은 현시점에서 중요한 과제이다.

이제 제4장에서는 그간 남한과 북한이 이 과제를 위해 함께 노력한 내용을 살펴보고 그 성과와 의의를 논의해 보기로 한다. 남한의 국립국어원과 북한의 사회과학원 언어학연구소 사이에 여러 차례 국제학술회의가 열렸다. 이 자리에는 주로 어휘에 관한 논의가 이루어졌다. 따라서 이 두 기관이 참여한 남북한의 어휘 단일화 논의를 먼저 살펴보고자 한다. 이어서는 『겨레말큰사전』 편찬에 대해서 살펴보고자 한다. 『겨레말큰사전』 편찬이야말로 남북한 언어학자들이 여러 차례 직접 만나 논의한 어휘 단일화의 대표적인 노력이다. 아직 마무리되지는 않았지만, 남북한 언어학 교류, 좁게는 어휘 단일화 교류의 큰 성과라 평가할 수 있겠다. 그리고 컴퓨터 정보 처리 분야의 남북한 사이의 어휘 단일화 시도, 체육 용어에 대한 남북한 사이의 어휘 단일화 시도에 대해서도 살펴본다.

제3장에서 살펴본 한글학회는 오랜 역사 속에서 우리말과 우리글에 대한 다양한 활동을 펼쳐 왔지만, 무엇보다도 중요한 업적은 1933년에 맞춤법을 제정함으로써 우리의 글자생활의 규범을 정했고, 1936년에 표준어를 가려 뽑음으로써 언어생활의 규범을 정하였다는 것이다. 그런데 여기에서 중요한 것은 광복 전에 미리 이 두 가지 규범을 마련해 두었다는 점이다. 1945년 광복되어 우리말과 우리글을 되찾았을 때, 어떠한 혼란과 혼돈 없이 국어 교사를 양성하고 국어 교육을 바로 시작할 수 있었던 것은 이 두 가지 규범을 미리 마련해 두었기 때문이다. 이것이 마련되어 있지 않았다면, 이를 정하는 데에 상당한 기간을 허비하고 국어 교육은 우왕좌왕하였을 것이다. 그리고 남북이 지금과는 달리 완전히 다른 규범을 정하여 오늘에 이르렀을 것이다.

남북한의 언어기관이 서로 만나 어휘 단일화를 논의하고, 『겨레말큰사전』 편찬을 통해 어휘 단일화를 실현하는 것의 의의가 바로 여기에 있다고 생각한다.

2. 국립국어원과 사회과학원 언어학연구소의 교류

1) 남북 언어 국제학술회의 개최

국립국어연구원은 1996년 중국 창춘에서 열린 언어학자 국제학술토론회의에서 북한의 사회과학원 언어학연구소의 학자들을 처음 만났으며, 2001년 12월에 중국 베이징에서 이들과 다시 만났다. 이렇게 하여 남북한 언어학자들은 학술 교류 차원에서 남북 언어 국제학술회의를 모두 일곱 차례 개최하였다. 그 첫째 목적은 남북한 언어학자가 직접 교류하여 남북 언어에 대해 서로 이해를 증진하는 것이었고, 둘째 목적은 남북 언어의 통일에 대한 연구와 이와 관련한 정책 추진 방향을 함께 모색하기 위한 것이었다.

국립국어원과 사회과학원 언어학연구소가 함께한 국제학술회의는 지금까지 모두 일곱 차례였는데 구체적으로 다음과 같다.[1]

제1차 1996년 8월 5일~7일, 중국 창춘시 북극지춘호텔

회의명: '96 Korean 언어학자 국제학술토론회의

주제: 남북 어문 규범 문제

발표 내용:

<철자법 부분>

김기종(중국, 옌벤사회과학원): 조선말 '4법' 통일안 보색의 토대

안병희(서울대학교): 한글 맞춤법의 연혁과 원리

선우룡화(북한, 언어학연구소): 조선말의 자모수와 그 순서 및 이름에 대하여

최희수(중국, 옌벤대학): 한자어 표기 문제

<띄어쓰기 부분>

서종학(영남대학교): 띄어쓰기의 역사와 그 규정

최윤갑(중국, 옌벤대학): 조선말 띄어쓰기 변화로부터 생각되는 조선말 띄어쓰기 통일안

---

1 필자는 제3차부터 제7차까지 모두 5회를 참석하였다. 그 가운데 제3차와 제4차는 실무 준비를 위해 국립국어원 이승재 연구관과 함께 미리 베이징에서 리민우, 태형철 등 북한 사회과학원 인사와 사전 협의한 바 있다.

심병호(북한, 국어사정위원회): 불완전 명사와 보조적 동사의 띄어쓰기에 대하여

허동진(중국, 옌볜대학): 현행 띄어쓰기 몇 가지

<문장 부호 부분>

전병선(중국, 옌볜대학): 문장 부호의 통일과 규범

한선희(북한, 국어사정위원회): 문장 부호의 성격과 종류에 대하여

양명희(국립국어연구원): 국어 문장 부호의 변천

임홍빈(서울대학교): 우리 외래어의 표기법의 어제와 오늘

이 회의에서는 남한의 국립국어연구원의 연구원과 관련 학자들, 북한의 사회과학원 언어학연구소와 국어사정위원회의 연구원과 관련 인사들, 중국의 조선족 학자들이 함께 모여 남한과 북한, 그리고 중국 조선어의 어문규범에 대해 발표하고 토론한 것에 큰 의의가 있다.[2] 즉, "남북은 앞으로 가능한 한 서로의 어문규범을 더 이상 차이 나는 방향으로 바꾸지 않기로 한다."라는 것을 합의하였다는 의의가 있다. 이에 대해 참석자의 한 사람인 임홍빈 교수는 이 회의를 다녀와서 잡지에 기고한 글에서 "남북의 어문규범 당사자들이 만나서 이룬 첫 결실이다."라고 평가한 바 있다.[3]

제2차 2001년 12월 14일~16일, 중국 베이징시 중원호텔

회의명: 남북 언어 동질성 회복을 위한 제1차 국제학술회의

협력기관: 중국 중앙민족대학(태평무 교수)

발표 내용:

---

2 발표자 외의 참석자로서는 남한에서 조현나(문화체육부 직원), 북한에서 최정후(언어학연구소 실장), 조사금(사회과학원 지도원), 차의석(국어사정위원회 지도원) 등이다.

3 임홍빈 1996, 「장춘회의는 무엇을 남겼나」, 『한글사랑』 1996년 가을호(통권 2호), 한글사.

<기조강연>

남기심(국립국어연구원): 남북 언어의 이질화와 그 극복 방안

문영호(북한, 언어학연구소): 언어의 민족성을 구현하는 것은 우리 말의 통일적발전을 이룩하기 위한 기본방도

최윤갑(중국, 옌볜대학): 중국에서의 조선어어휘규범화와 그 특성

<논문 발표>

김민수(고려대학교), 한자어 정리의 한 방안

김영황(북한, 김일성대학): 고대와 중세의 어휘변천과정을 통하여 본 조선어의 단일성 문제

리득춘(중국, 옌볜대학): 어휘사의 측면으로 본 우리 말 어휘발달의 몇개 문제

강신항(성균관대학교): 일본어 투 순화 실태와 문제점

정순기(북한, 언어학연구소): 세계 여러 나라에서 산생되는 조선어어휘변종에 대한 몇가지 고찰

김기종(중국, 옌볜사회과학원): 중국조선어어휘규범화작업에 대한 회고와 당면한 문제점 및 그 발전전망

남풍현(단국대학교): 신라화엄어경사경 조성기의 해독과 그 어휘

강리항(북한, 조선인민경제대학): 훈민정음의 창제년월일확정과 민족글자사용에서 나서는 몇가지 문제

강은국/강영(중국, 푸단대학): 남과 북의 어휘사용의 이질화에 대한 소고

홍윤표(단국대학교): 15세기~19세기 자료에 나타난 국어 어휘의 특성

권종성(북한, 언어학연구소): 조선어정보처리에서 나서는 언어학적문제

최희수(중국, 옌볜대학): 규범화에서 제기되는 문제

장광군(중국: 뤄양외국어대학): 조선어 한자약어 소고
민현식(서울대학교): 국어 순화 정책의 회고와 전망
최병수(북한, 언어학연구소): 조선글자의 콤퓨터부호화와 국제표준화에서 나서는 문제
장흥권(중국, 중앙민족대학): <어휘구성>의 리해와 대비연구
임지룡(경북대학교): 20세기 이후 국어 어휘의 사용 실태와 조어론적 특성
리기만(북한, 언어학연구소): 평양문화어어휘구성의 주체적발전
태평무(중국, 중앙민족대학): 대비언어학적측면으로부터 본 조선한자어의 구조적특성
최용기(국립국어연구원): 광복 이후 외래어 투 순화 실태와 문제점
안경상(북한, 언어학연구소): <훈몽자회>에 반영된 15세기 이후의 고유어사용실태에 대한 력사적고찰
강보유(중국, 푸단대학): 중국, 조선, 한국의 현행 어휘사용에서의 의미 이질화에 대한 조사와 분석
송재목(일본, 오사카경제법과대학): 한국어 형용사 반복 구문

<특별강연>

첸 장타이(陳章太, 중국, 국가어언문자공작위원회): 略論現代漢語詞彙規範

이 회의는 남북한, 그리고 중국 조선족의 학자들이 한 자리에 함께하여 우리말과 우리글에 관해 본격적으로 토론한 첫 번째 회의라 할 만하다. 기조연설과 남한, 북한, 중국 학자들의 23편의 연구 논문이 발표되었다.[4]

---

4 발표자 외의 참석자로서는 남한에서 박창원, 전수태, 이승재, 이준석, 소강춘, 이정, 북한에서 리대성, 조사금(사회과학원 지도원), 중국에서는 전학석, 류은종, 서영섭, 황대

그래서 학술회의 이름도 '남북 언어 동질성 회복을 위한 제1차 국제학술회의'이다. 그리고 이 회의를 기반으로 하여 2007년까지 남북한, 그리고 중국 조선족 언어학자들의 학술회의가 이어지게 된 것이다.

기조강연에서 남기심 원장은 남북 언어의 차이가 이질화가 아니며, 어느 정도 달라졌을 뿐임을 강조하고, 특히 어휘가 달라진 원인을 규명하였다. 북한의 문영호 소장은 언어 통합의 가치와 필요성을 강조하였으며, 중국 대표인 최윤갑 교수는 중국 조선어에서의 어휘규범화의 과정을 소개하였다. 논문 발표는 어휘 문제가 중심이 되었다. 한자어, 고유어를 망라하고, 역사적 변화, 어휘 구성의 문제, 순화 또는 말다듬기 문제 등이 포함되어, 어휘와 관련한 다양한 주제를 폭넓게 발표하고 토론하였다는 점에서 의의가 있었다.

제3차 2003년 11월 5일~9일, 중국 베이징시 21세기호텔

회의명: 남북 언어 동질성 회복을 위한 제2차 남북 국제학술회의

주제: 민족 고유어의 통일적 발전과 방언 조사 연구

협력기관: 베이징대학 조선문화연구소(소장: 이선한, 국제고려학회 아시아분회장)

발표 내용:

<기조연설>

문영호(북한, 언어학연구소): 북남언어의 통일적발전과 민족고유어

남기심(국립국어연구원): 문화유산으로서의 국어

전학석(중국, 옌볜대학): 방언조사와 관련한 몇가지 문제

<제1분과 민족 방언의 공동 연구>

곽충구(서강대학교): 방언 자료 수집의 현황과 남북 공동 조사 방안

화, 전병선, 김성춘, 김석기, 러시아의 꼬제먀코 등이다.

홍석희(북한, 언어학연구소): 조선어방언의 공동연구조사계획과 방법

방린봉(북한, 언어학연구소): 서북방언분포지역과 조사지점에 대한 연구보고

이상규(경북대학교): 한민족 언어지도 제작과 그 전망

이기갑(목포대학교): 국어 방언 연구의 현황과 앞으로의 방향

<제2분과 민족 고유어의 통일적 발전>

강신항(성균관대학교): 민족 고유어 쓰기

리호경(북한, 언어학연구소): 어휘정리와 민족고유어

박창원(이화여자대학교): 민족어 공동 순화를 위한 제안

<제3분과 말뭉치와 부호 표준화>

권재일(서울대학교): 구어 자료를 통한 국어 문법의 통계적 분석

권종성(북한, 언어학연구소): 조선어본문코퍼스의 개발원칙과 방향

홍윤표(연세대학교): 어휘의 역사 검색 및 사전 편찬을 위한 말뭉치 활용 방안

방정호(북한, 언어학연구소): 코퍼스자료의 론리정보언어와 부호덧붙이기

소강춘(전주대학교): 남북 정서법 변환 프로그램

리승길(북한, 언어학연구소): 본문코퍼스구축을 위한 조선글입력환경

이승재(국립국어연구원): 자료 교환을 위한 파일 형식과 부호 표지 추가 방안

<민족어 관련 사업 추진 현황>

전수태(국립국어연구원): 민족어 관련 사업의 회고와 전망

이승재(국립국어연구원): 민족어 순화 자료의 구축 현황

양명희(국립국어연구원): 북남 대역사전을 위한 기초 연구

2003년 중국 베이징에서 열린 남북 언어 동질성 회복을 위한 제2차 남북 국제학술회의
앞줄 오른쪽에서부터 방린봉(북한), 강신항(남한), 문영호(북한, 언어학연구소 소장), 이선한(중국), 남기심(남한, 국립국어연구원 원장), 곽선욱(북한), 권재일(남한) 등.

이준석(국립국어연구원): 국제 한자 코드 표준화 활동의 현황

이 회의는 남북한, 그리고 중국 조선족의 학자들이 우리말과 우리글에 관한 분명한 주제를 정하여 함께 한 토론회라 하겠다. 3편의 기조연설과 남한, 북한, 중국 학자들의 19편의 연구 논문이 발표되었다.[5] 모두 네 분과로 나누어 진행되었는데, 민족 고유어의 통일적 발전, 민족 방언의 공동 연구, 말뭉치와 부호 표준화를 비롯하여 국립국어연구원에서 발표한 민족어 관련 사업 추진 현황 등이다. 이 회의부터 남북 언어 문제에 대한 토론은 방언과 전산화, 두 주제에 초점을 두게 되었다.

남북의 방언을 공동으로 조사하여 보전하기 위한 방법이 집중적으로 토론되었는데, 공동 조사란 같은 질문지, 같은 장비, 같은 방법으로 남북

5 발표자 외 참석자로서는 남한에서 유병한(문화관광부 국어정책과장), 이정(대북전문가), 북한에서 곽선욱, 리명길, 리창원, 신학철, 중국에서는 최응구, 이선한, 조호길, 최순희, 그리고 업무 보조에 량성, 김지혜, 김아희 등이다.

각 지역의 어휘 자료를 조사하는 것이다. 이를 위한 협의를 따로 하여 공동 조사를 확정하였는데 이것은 이 학술회의가 이룬 큰 성과라 하겠다. 이 협의를 바탕으로 실제 2004년부터 남북이 공동으로 방언 조사를 시작하였다.

또 하나의 주제는 전산화이다. 우리말 어휘 자료를 어떻게 전산화하며 이를 어떻게 서로 교환할 것인가를 집중적으로 논의하였다. 그 결과 상당량의 북한 언어 자료를 말뭉치로서 확보할 수 있었다. 이에는 당시 국립국어연구원의 이승재 연구원과 북한 언어학연구소의 방정호 연구사의 노력이 컸었다.

제4차 2004년 6월 22일~25일, 중국 베이징시 21세기호텔

회의명: 남북 언어 동질성 회복을 위한 제3차 남북 국제학술회의

주제: 민족어 유산의 수집 정리와 고유어 체계의 발전

협력기관: 베이징대학 조선문화연구소(소장: 이선한)

발표 내용:

<기조연설>

문영호(북한, 언어학연구소): 민족어유산을 발굴정리하는 것은 언어분야에서 민족성을 고수하기 위한 중요한 방도

남기심(국립국어원): 문화적 자산으로서의 우리말 어휘

전학석(중국, 옌볜대학): 중국에서의 조선어 자료 수집에 대하여

<제1분과 민족 방언의 공동 연구>

김하수(연세대학교): 방언과 사회 발전

리기만(북한, 언어학연구소): 황해도방언에서 토의 쓰임에 대하여

최명옥(서울대학교): 지역어의 조사 원칙과 조사 방법

김성근(북한, 언어학연구소): 민족어유산으로서의 조선어방언의 조사원칙과 방법

오철만(북한, 언어학연구소): 방언조사어휘선정에서 제기되는 문제

이상규(경북대학교): 방언 조사 항목 선정의 원칙과 방향
홍석희(북한, 언어학연구소): 동북방언의 어음론적특성에 대하여
백운혁(북한, 언어학연구소): 서북방언(평안남도방언)의 지리언어학적특성과 방언조사에서 제기되는 문제에 대하여
홍윤표(연세대학교): 민족어 방언 검색 시스템 개발
<제2분과 말뭉치의 구축과 활용>
권종성(북한, 언어학연구소): 균형코퍼스에 대한 새로운 리해와 그의 제작에서 나서는 몇가지 문제
소강춘(전주대학교): 민족어 말뭉치 지도 작성
권재일(서울대학교): 말뭉치 자료 정보 부착과 남북 문법의 통합 방안
김철호(북한, 언어학연구소): 코퍼스를 리용한 다의성처리방법에 대하여
이승재(국립국어원): 말뭉치 활용 도구의 개발

이 회의는 남북한 학자들이 '민족어 유산의 수집 정리와 고유어 체계의 발전'이라는 주제를 가지고 함께 한 토론회라 하겠다. 3편의 기조연설과 남북한 학자들의 14편의 연구 논문이 발표되었다.[6] 두 분과로 나누어 진행되었는데, 민족 방언의 공동 연구, 말뭉치의 구축과 활용 등이다. 이 회의 역시 앞 회의와 같이 남북 언어 문제에 대한 토론으로 방언과 전산화, 두 주제를 삼았다.

방언 어휘의 조사 원칙과 방법에 대한 연구와 남북 각 개별 방언의 특성에 대한 연구가 중심이 되었다. 특히 북한의 동북방언, 서북방언, 황해도방언 등 전 지역이 망라되었다.

---

6 발표자 외 참석자로서는 남한에서 박민규, 유병한, 북한에서는 곽선욱, 김명성 등이다.

또 하나의 주제는 전산화와 관련하여 말뭉치 구축과 활용에 대한 논의였다. 구체적으로 우리말 어휘 자료 말뭉치/코퍼스를 어떻게 구축하며 활용할 것인가를 집중적으로 논의하였다.

제5차 2004년 12월 20일~25일, 중국 선양시 글로리아플라자호텔

회의명: 민족 방언 연구와 조사 및 코퍼스에 관한 국제 학술회의

주제: 민족어 유산의 수집 정리와 고유어 체계의 발전

협력기관: 선양 고려민족문화연구소(소장: 전정환)

발표 내용:

<제1분과 민족 방언의 공동 연구>

이상규(경북대학교): 방언 자료 수집과 전사 자료 관리

안경상(북한, 언어학연구소): 방언조사환경과 금후과업

최병수(북한, 언어학연구소): 방언소유자선택과 그에 따르는문제

김하수(연세대학교): 방언과 방언화자

김정대(경남대학교): 방언 조사를 위한 녹음 환경과 설비 및 녹음 자료 관리

홍석희(북한, 언어학연구소): 방언의 록음과 록음자료의 보관관리에서 제기되는 기술적문제

홍석희(북한, 언어학연구소): 방언의 어조와 음가표기에서 나서는 리론실천적문제

홍윤표(연세대학교): 방언 조사를 위한 그림 자료의 활용

<제2분과 말뭉치의 구축과 활용>

권재일(서울대학교): 구어 말뭉치 구축을 위한 자료의 선정과 입력 원칙

방정호(북한, 언어학연구소): 조선어본문코퍼스의 개발환경

방정호(북한, 언어학연구소): 조선어본문코퍼스에 기초한 통계적

언어연구

이승재(국립국어원): 말뭉치 구축 형식과 기본 원칙

이 회의 역시 '민족어 유산의 수집 정리와 고유어 체계의 발전'이라는 주제를 가지고 남북한 학자들이 함께한 토론회라 하겠다.[7] 이번에는 기조연설 없이 남북한 학자들의 12편의 연구 논문이 발표되었다. 두 분과로 나누어 진행되었는데, 민족 방언의 공동 연구, 말뭉치의 구축과 활용 등이다. 이 회의 역시 앞 회의와 같이 남북 언어 문제에 대한 토론으로 방언과 말뭉치/코퍼스 두 주제를 삼았다. 그러나 방언 문제에 논의를 집중하였다. 남북 공동으로 시행하기로 한 지역어 어휘 조사의 방법론과 관련한 문제가 중심이 되었다.

第6차 2005년 12월 12일~15일, 중국 선양시 삼릉중천호텔

회의명: 남북 언어 동질성 회복을 위한 제5차 남북 국제학술회의

주제: 민족어 어휘 구성의 변화와 통일적 발전

협력기관: 선양 고려민족문화연구소(소장: 전정환)

발표 내용:

<기조연설>

문영호(북한, 언어학연구소): 우리 말 방언조사원칙과 정리방법

남기심(국립국어원): 수집 어휘의 구조화

최희수(중국, 옌볜대학): 중국 지역의 조선어 자료 수집

<제1분과 민족 방언의 공동 연구>

박경래(세명대학교): 현지 방언 조사 작업의 내용과 문제점

박상훈(북한, 언어학연구소): 어휘 정리와 민족어어휘구성의 변화

7 발표자 외 참석자로서는 북한의 곽선욱, 한기범, 김명일 등이다.

발전

홍석희(북한, 언어학연구소): 컴퓨터에 의한 방언의 자료기지화에서 나서는 기술적문제

소강춘(전주대학교): 남북 음성 자료 정리를 위한 프로그램 개발

이기갑(목포대학교): 방언 문법의 정밀 조사

박명훈(북한, 언어학연구소): 우리 나라 지명에 남아 있는 고유어 유산에 대한 간단한 고찰

홍윤표(연세대학교): 우리나라 어휘 문헌에 대하여

김영렬(북한, 언어학연구소): 민속적인 어휘 부류의 다양성과 풍부성

로춘반(북한, 언어학연구소): <겨레말큰사전> 북남공동편찬과 언어유산의 조사연구

<제2분과 우리말 정보화 분과>

권종성(북한, 언어학연구소): 우리 말 어휘 빈도수 조사 방법 연구

서상규(연세대학교): 국어학 용어의 시소러스 구축

권재일(서울대학교): 구어 말뭉치 구축과 형태－통사 정보

오금화(북한, 언어학연구소): 조선어형태분석코퍼스의 정보부가에서 나서는 몇가지 문제

이 회의 역시 앞 회의와 비슷하게 '민족어 어휘 구성의 변화와 통일적 발전'이라는 주제를 가지고 남북한 학자들이 함께한 토론회라 하겠다.[8] 이번에는 기조연설과 남북한 학자들의 13편의 연구 논문이 발표되었다. 두 분과로 나누어 진행되었는데, 민족 방언 분과, 정보화 분과 등이다. 이 회

---

8 발표자 외 참석자로서는 남한의 김하수, 이승재, 박민규, 조태린, 김원희, 북한의 곽선욱, 리명복, 박성일, 중국의 전정환, 최문식 등이다.

의 역시 앞 회의와 같이 방언과 정보화 두 주제를 삼았다. 방언 문제에 논의를 집중하였다. 방언이라 하더라도 어휘 문제가 중심이 되었다.

그러나 방언 중심에 대한 남북 언어학자 회의는 더 이상 지속되기 어렵게 되었다. 왜냐하면 남북한이 공동으로 방언 어휘를 조사하기로 하였지만 북한 사정으로 각 지역별로 방언 조사를 실행하기 어려웠다. 그러한 정황에서 방언 중심의 학술회의를 지속하는 것은 더 이상의 의미가 없었다. 그래서 사실상 방언에 관한 학술회의는 이번 회의로 끝나게 되었다. 그리고 국립국어원과 사회과학원 언어학연구소 사이의 학술회의 역시 동력을 잃게 된다. 그것은 2005년부터 새로이 등장한 겨레말큰사전 편찬 사업의 영향이다. 국립국어원의 연구원들 몇몇도 이에 참여하였지만, 북한에서는 언어학연구소 연구원들이 전적으로 이 사업에 참여하였기 때문이다. 그래서 북한의 언어학연구소는 2006년부터는 국립국어원보다는 조직과 예산 규모가 훨씬 더 큰 겨레말큰사전 편찬사업회 쪽으로 관심을 기울이게 되었다. 그래서 당장 2006년에는 학술회의가 열리지 못하였다. 그러다가 다시 2007년에 이르러 지금까지와는 다른 주제와 형식으로 학술회의를 이어갔다.

제7차 2007년 11월 16일~18일, 중국 옌지시 대주호텔

회의명: '민족어 발전의 현실태와 전망' 남북 국제학술회의

협력기관: 옌볜대학 조선－한국학학원(원장: 김영수)

발표 내용:

<기조연설>

문영호(북한, 언어학연구소): 민족어 변화의 현 실태와 통일적 발전 원칙

김수업(국어심의회): 겨레말을 하나로 가꾸는 일

리득춘(중국, 옌볜대학): 고구려어와 조선어(한국어) 형성에 관한

약간의 문제에 대하여

<조선어의 규범화와 통일>

권종성(북한, 언어학연구소): 우리말 교과서 내용의 단일화에서 기본은 언어규범의 통일성 보장

권재일(서울대학교): 남북 단일 어문규범 작성의 현황과 전망

리민덕(중국, 옌볜대학): 문법교수의 예문에 대하여

강보유(중국, 푸단대학): 언어규범통일방안과 한국어/조선어 교육

박순이(북한, 언어학연구소): 북과 남의 언어규범통일에서 나서는 기본문제

이재규(겨레말큰사전편찬사업회): 겨레말큰사전을 통해서 본 남북 언어 통일의 과제

<학술용어의 표준화와 통일>

우철남(북한, 언어학연구소): 우리 나라에서 학술용어정리와 술어 표준화

박동인(한국과학기술정보연구원): 전문용어 구축 방향에 대한 제언

로춘반(북한, 언어학연구소): 술어표준화의 과학기술적요구와 과업

이서행(한국학중앙연구원): 남북 학술용어의 이질화 문제와 표준화 필요성

김문오(국립국어원): 남북 교과서 학술용어의 차이와 통일을 위한 준비

김광수(중국, 옌볜대학): 북남 문법용어의 사용의 차이와 통일의 방안

<한국어(조선어) 교육 연구>

태평무(중국, 중앙민족대학): 중국 조선어의 특징과 당면 우리말 규범화 사업의 과업

성기철(중국, 옌볜과학기술대학): 한국어교육과 한국 언어문화

이준석(국립국어원): 문화상호주의 언어 교육 방안에 대해

허용(한국외국어대학교): 한국어 표준 교육 과정 제정의 필요성과 과제

장광군(중국, 뤄양외국어대학): 중국 학생을 위한 한국어 교수대강의 제정에 대한 연구

김영수(중국, 옌볜대학): 중국조선어 규범에 관련된 몇가지 문제

<민족어풍부화를 위한 언어유산 조사발굴>

렴광호(중국, 칭다오대학): 중국 조선어 및 연변방언의 운명에 대하여

김정대(경남대학교): 민족어의 풍부화 방안

황대화(중국, 중국해양대학): 평안북도 룡천지역어의 지칭어와 호칭어에 대하여

안경상(북한, 언어학연구소): 방언조사사업은 민족어유산을 발굴하고 민족 고유어를 살리는 방도

홍석희(북한, 언어학연구소): 방언을 비롯한 입말자료의 전사에서 나서는 언어학적 문제

박민규(국립국어원): 국립국어원의 지역어 조사 사업 현황과 방향

이 회의는 지금까지의 회의와는 주제와 형식이 크게 다르다. 지금까지 방언과 정보화 중심이었던 회의와는 달리 회의 주제가 다양화되었다. 그리고 남북한 중심에서 중국 조선족 학자가 대거 참여하였다. 회의의 큰 주제도 '민족어 발전의 현실태와 전망'이라 하였는데, 주제는 조선어 규범화와 통일, 학술용어의 표준화와 통일, 한국어(조선어) 교육 연구, 민족어 풍부화를 위한 언어 유산 조사 발굴 등이다. 기조연설 외에 24편의 논문이 발표되었다.[9]

첫 번째 회의인 1996년 창춘에서의 회의에서 규범 문제가 다루어진 이

후 규범 문제가 다시 부각되었다. 그것은 『겨레말큰사전』 편찬의 단일 어문규범 사업과 관련된 것이다. 그리고 전 세계적으로 펼쳐지는 한국어 교육이 주요 주제로 등장하였다. 전문용어의 통일 문제도 현실적으로는 주요 과제였다. 물론 지금까지 계속해서 논의해 왔던 방언 문제도 다루었다.

이상의 일곱 차례의 학술회의를 통해서 보면, 남북한 언어학자가 직접 교류하여 남북 언어에 대해 서로 이해를 높이면서 남북 언어의 통합에 관한 연구와 정책을 추진하는, 남북 언어 동질성 회복을 위한 주제가 중심이 되었음을 알 수 있다. 구체적으로는 어휘 통일에 관한 방안, 언어 자료의 교류와 남북 공동의 말뭉치/코퍼스 구축에 관한 방안, 민족어 보존과 남북 공동의 지역어 조사 방안 등이 논의되었다. 현실적으로 협력이 가능한 주제가 중심이 되었음을 볼 수 있다.

그러나 새로운 주제를 발굴하기가 어려웠고, 또한 어휘 단일화를 위한 제안만 있었지 실천적인 결정을 내리지 못하였던 점은 아쉬운 일이다. 남북한은 2007년의 제7차 회의를 마지막으로 아직까지 남북한 공동 학술회의를 열지 못하고 있다. 여러 사정이 있었지만, 이제 그러한 사정이 해소되어 다시 이어지길 희망한다.

2) 남북 어휘 순화 공동 방안

위에서 살펴본 바와 같이 국립국어연구원은 2001년 11월 중국 베이징에서 열린 남북 언어학자 학술회의에서 민족어의 어휘 구성에 관해 토론하였는데, 그 자리에서 남한의 국어 순화 사업과 북한의 말다듬기 사업에 관한 토론이 이루어졌다. 같은 민족어를 사용하는 남한, 북한 그리고 중국

9 발표자 외 참석자로서는 남한의 조남호, 최용기, 조태린, 북한의 곽선욱, 안홍식, 전세영, 중국의 김병민, 김일, 리용해, 한진건, 김병운, 김기석, 김향화, 남일 등이다.

조선족 간에 좀 더 실질적이고 지속적인 학술 교류가 이루어져야 한다는 의견이 나왔으며, 그리고 지속적인 학술 교류를 위해서는 2002년부터 순화 자료나 기초 어휘 자료를 서로 교환하고 이를 민족어 연구에 유용하게 활동하자는 논의가 있었다.

그러한 학술회의의 논의 사항을 바탕으로 하여 학술 교류를 활성화하고 그것의 결과를 좀 더 값지게 하기 위하여 그동안 남한과 북한에서 정리하였던 순화 용어 가운데 서로 같은 말로 순화한 용어가 무엇인가에 중점을 두고, 남북의 공통분모를 찾아내기로 하였다.

국립국어원은 이러한 목적을 달성하기 위한 첫 단계로 2001년까지 남한과 북한에서 만들었던 국어 순화 용어와 말다듬기 용어 중에서 같은 말로 순화하거나 다듬은말을 제시하였다. 남한의 것은 국립국어원에서 추진한 국어 순화 사업의 결과물을 활용하였으며, 북한의 것은 1986년에 발간한『다듬은말』과 1992년에 발간한『조선말대사전』의 자료를 활용하였다. 그 결과물은 다음 두 자료를 통해 발표하였다. 특히 두 번째 자료는 첫 번째 자료를 정리하여 남북한이 서로 협의할 수 있는 기초 자료를 만들기 위한 목적으로 발표하였다.

이승재 2002,『남북 언어 순화 자료집 1 — 남과 북이 서로 같게 순화한 용어를 중심으로』, 국립국어연구원.

이승재 2003,『남북 언어 순화 자료 협의를 위한 기초 연구』, 국립국어연구원.

이 자료에 대상이 된 어휘는 남한의 순화 용어 22,655항목이고, 북한의 말다듬기 자료 38,307항목이다. 구체적으로는 1986년에 발간한『다듬은말』 24,368항목과 1992년에 발간한『조선말대사전』에서 다듬은말로 표시가 있는 3,966항목, 한자어와 외래어를 고유어로 보낸 6,581항목, 쓰지 말아야 할 한자어와 외래어 3,392항목이다.

먼저 공동 순화 대상어 선정의 기준을 설정하였는데, 그 기준은 다음과 같다. 순화 대상에 포함되어야 할 어휘와 순화 대상에서 제외되어야 할 어휘로 구분하였다.

(1) 순화의 대상에 포함되어야 할 어휘

a. 국어로 인정할 수 없는 서구어

제스처, 조인트, 징크스, 조크

b－1. 어려운 한자어: 같은 음을 가진 한자어

상전 → 윗사람, 뽕밭

가교 → 임시다리, 다리놓기

b－2. 어려운 한자어: 한자 자체가 어려운 것

가압추공, 가웅예, 각수

c. 일본어이거나 일본어투 용어

가리방, 가케우동, 곤냐쿠, 가라오케

d. 일본식 한자어나 일본식 외래어

그라스, 추리닝, 난닝구, 공구리

e. 바꿀 수 있는 순 우리말이 존재하는 한자어나 외래어

석교 → 돌다리

조인트 → 이음새

조크 → 우스개

(2) 순화 대상에서 제외되어야 할 어휘

토착어로 굳어진 외래어, 한자어: 총각, 처녀, 천지, 수염, 비단 등

그러고 나서 남북 공동 순화에 관한 우선순위의 기준을 설정하였는데,

그 기준은 다음과 같다.

첫째, 남북이 모두 잘 알고 있는 말부터 순화해야 한다. 예를 들어 '훈제'나 '훈연'을 '내굴찜', '내굴쏘임'으로 한 순화어가 있는데, '내굴'은 함경도 및 평안도 일부 지역에서 쓰이는 말로서, 남한에서는 잘 알 수 없는 말이다. 따라서 남북 공동 순화 용어로서는 적절하지 않다.

둘째, 순화할 말과 순화한 말의 의미가 남북이 같아야 한다. 예를 들어 '각구'를 '골뱅이아구리', '코로오스피라'를 '조선골뱅이', '라정'을 '골뱅이꼭두'라 순화한 것인데, 북한의 '골뱅이'는 '달팽이'를 포함하는 개념이지만, 남한의 '골뱅이'는 대부분 '달팽이'를 포함하지 않는 개념이다. 따라서 형태가 같은 말이라 하더라도 그 의미가 남북이 같은지 먼저 검토해야 할 것이다.

셋째, 순화한 말은 남북이 표준으로 사용하고 있는 말을 사용해야 한다. '외과와'를 '바깥복사뼈우무기', '방추총류'를 '실토리조개류'라 순화한 예에서 '우무기, 실토리' 등은 남한에서 전혀 쓰이지 않는 단어이므로 남북 공동의 순화어로 부적절하다.

넷째, 순화한 말은 정서적으로 거부감을 주어 않아 널리 쓰일 수 있어야 한다. '우유'를 '소젖'으로, '가루우유'를 '가루젖'으로, '우유비스케트'를 '젖과자'로 순화한 예에서 우유를 모두 젖으로 바꾸게 되면 언중들의 정서적 거부감을 느낄 수 있다.

다섯째, 당연한 논리이지만, 순화한 말은 순화하기 전의 말보다 가능하면 짧아야 하고 남북 언어의 조어 방식에 맞는 자연스러운 것이어야 한다.

남북 언어 순화 자료를 분석하여 그 유형은 다음과 같이 여섯 가지로 나누었으며, 각각 일반어와 전문어로 나누었다.

(3) 순화 자료의 유형

a. 순화한 용어와 순화할 용어가 남북 모두 같은 경우

b. a이되, 표기법 차이가 있는 경우

c. 순화할 용어는 남북이 같으나 순화한 용어가 같지 않은 경우

d. c이되, 표기법의 차이가 있는 경우

e. 순화한 용어가 남북이 같으나, 순화할 용어가 같지 않은 경우

f. e이되 표기법의 차이가 있는 경우

이러한 기준과 분석을 통해 남북 언어 순화를 같이하기 위한 협의 자료를 마련하여 제시하였다. 비록 자료를 가지고 남북한의 학자들이 이마를 맞대고 논의하지는 못하였지만, 앞으로 기회만 닿으면 얼마든지 논의할 수 있는 자료로서 그 가치가 높다고 평가한다. 왜냐하면 실현 가능한 방안이기 때문이다. 다시 말하면, 남북한이 같은 것으로 다듬은 어휘일 경우, 그대로 받아들이면 될 것이고, 남북한이 서로 다른 것은 상대편의 관점에서 공동 어휘를 제안하였기 때문이다. 이제 이러한 방안을 좀 더 정밀하게 하고 어휘 수를 늘려 남북한이 협의할 방안을 마련해 둔다면 멀지 않은 장래에 협의하며 남북한의 어휘 단일화가 바로 실현될 것이라 믿는다. 이제 그 구체적인 내용을 들면 다음과 같다.[10]

첫째, 남북이 서로 공동으로 사용할 수 있는 어휘를 230여 개 들었는데, 그 몇 예를 소개하면 다음과 같다.

---

10 박상훈(2005b)에서도 남북 순화어 단일화를 위한 자료를 제공한 바 있다. '북과 남의 일반어 정리 대비 자료'를 통해 남북이 1) 꼭같이 다듬은것, 2) 류사하게 다듬은것, 3) 차이나게 다듬은것 등으로 분류하여 남북 어휘 자료를 제시한 바 있다.

(4) 가가호호 → 집집마다
가교 → 다리놓기
거수하다 → 손들다
견인하다 → 끌다
경수 → 센물
공복 → 빈속
구근 → 알뿌리
대지 → 집터
동면 → 겨울잠
미곡 → 쌀
방치하다 → 버려두다
비등하다 → 끓어오르다
비산하다 → 흩날리다
사이즈/싸이즈 → 크기
상환하다 → 갚다
색인 → 찾아보기
서식하다 → 살다
설서제 → 쥐약
세문경 → 잔줄무늬거울
센터라인/쎈타라잉 → 중앙선
순치 → 길들이기
식상 → 뽕나무심기
에러/에라 → 실수
영아 → 갓난아기/갓난애기
우사 → 외양간
우와기 → 양복저고리

이앙하다 → 모내다
인터셉트 → 가로채기
잔전 → 잔돈
정히 → 틀림없이
즈봉 → 양복바지
프로그램/프로그람 → 차례
한천 → 우무
해머/함마 → 망치
혈관 → 핏줄/피줄

둘째, 남한이 순화할 용어로서 북한에서 수용 가능한 어휘의 예이다.

(5) 기지 → 천
설물 → 부스러기
수색 → 찾아내기
스케일 → 크기
여가 → 틈

셋째, 북한이 순화할 용어로서 남한이 수용 가능한 어휘의 예이다.

(6) 간극 → 틈
기지 → 바탕
상환한다 → 물어주다
수색 → 물색
파종하다 → 심다

넷째, 남한이 순화한 용어로서 북한이 수용 가능한 어휘의 예이다.

(7) 가든 → 뜰
가이드 → 길잡이
객담 → 가래
곡척 → 기역자
곤색 → 감색
교합 → 맞물림
데드라인 → 마감
도장하다 → 칠하다
땡땡이무늬 → 물방울무늬
매트 → 깔개
버튼 → 누름쇠
부연하다 → 덧붙이다
상위하다 → (서로)다르다
스코어 → 점수
엄폐하다 → 숨기다
예초 → 풀베기
토사도 → 흙길
해치커버 → 짐칸덮개
헤드라인 → 머리기사

다섯째, 북한이 순화한 용어로서 남한이 수용 가능한 어휘의 예이다.

(8) 가대 → 집터
결박하다 → 묶다

경내	→ 안쪽
동절	→ 겨울철
매몰하다	→ 파묻다
사입	→ 넣기
식이	→ 먹이
음영	→ 그늘

3. 남북 공동 『겨레말큰사전』 편찬

1) 『겨레말큰사전』 개관

『겨레말큰사전』은 남한과 북한이 공동으로 추진하여 남북의 언어적 차이를 극복하려는 최초의 우리말 사전으로, 분단 이후 남북에서 달라진 어휘를 뜻풀이에 적극 반영하는 사전이다. 그리고 남북한의 국어학자들이 함께 단일 어문규범을 작성하여 편찬하는 사전이며, 기존의 남북 사전에 수록되지 못했던 지역어 및 문헌어를 광범위하게 조사하여 올림말로 수록하는 사전이다. 수집한 어휘 자료 가운데 남북이 공통으로 쓰는 말은 우선적으로 올리고, 차이 나는 것은 남북이 합의하여 단일화하고 이렇게 하여 약 30만 개의 올림말을 실을 대사전이다. 이러한 내용을 2005년 봄 남북한 학자들이 합의하여 현재 추진 중에 있으며, 해마다 네 차례씩 남북 학자들이 함께 모여 사전편찬회의를 개최해 오고 있다. 주요 사업을 구체적으로 살펴보기로 한다.[11]

---

11 여기서 소개하는 『겨레말큰사전』에 대한 내용은 겨레말큰사전 남북공동편찬사업회의 누리집(http://www.gyeoremal.or.kr)의 내용과 편찬사업회가 발간한 여러 회의 자

첫째, 올림말 선정 작업이다. 남북 양측이 남한의 『표준국어대사전』(1999년, 엮은이: 국립국어연구원, 펴낸데: 두산동아)과 북한의 『조선말대사전』(1992년, 편찬: 사회과학원 언어학연구소 사전편찬집단, 낸곳: 사회과학출판사)을 검토하여 선별한 어휘와, 남북 양측에서 새로 조사한 새 어휘를 검토하여 『겨레말큰사전』에 수록할 30여만 개의 올림말을 선별한다.

둘째, 새 어휘 조사 작업이다. 『겨레말큰사전』에 수록할 새 어휘는 『표준국어대사전』과 『조선말대사전』에 수록되지 않은 어휘로 약 7만여 개의 새 어휘를 발굴하여 수록한다. 새 어휘 조사는 지역어 조사와 문헌어 조사로 나뉘어 시행되며, 지역어 조사는 4만여 개, 문헌어 조사는 3만여 개, 모두 7만여 개의 새 어휘를 수록할 예정이다.

셋째, 뜻풀이 작업이다. 남북의 편찬위원들이 집필요강을 작성하여 올림말 속구조, 집필 방식, 뜻풀이 방식 등을 합의하고, 본 집필을 2009년부터 시작하였다.

넷째, 단일 어문규범 작성 작업이다. 남북의 어문규범 전문가들이 사모 배열 순서, 두음법칙, 사이시옷 표기, 띄어쓰기, 외래어 표기 등 남북에서 서로 다르게 사용하고 있는 어문규범을 단일화하는 작업이다. 단일화된 어문규범을 『겨레말큰사전』 집필 작업에 한정하여 적용하기로 하였다.

2) 일반 어휘 단일화

일반 어휘 단일화는 『겨레말큰사전』의 올림말 선정 과정에서 이루어졌다. 이제 올림말 선정 과정을 살펴 그간 어휘 단일화의 성과를 제시하기로 한다.

료, 홍보 자료에 바탕을 두고 인용하는 것이다. 그리고 이 글 작성을 위해서는 편찬실장인 한용운 선생이 자료를 제공해 주었다. 이에 감사한다.

겨레말큰사전 남북 공동편찬회의 참가자의 모습 앞줄 왼편에서부터 북한의 최병수, 권종성, 정순기, 문영호, 남한의 권재일, 조재수, 이희자, 홍종선 선생 등이다.

[1] 올림말 개요

남북의 각각 올림말분과에서는 2006년 3월부터 2009년 12월까지 『표준국어대사전』과 『조선말대사전』의 올림말을 함께 검토하여 『겨레말큰사전』에 수록할 올림말을 선정하는 작업은 진행하였다. 그동안 모두 20여 차례의 올림말분과 회의를 개최하여, 그 결과 30만 5천여 개(지역어 2만 개 포함)의 올림말 후보 목록을 선정하는 데 합의하였다.

여기에 새로 수집한 어휘 10만 개를 더하면 『겨레말큰사전』의 올림말 수는 40만 5천여 개가 되며, 『겨레말큰사전편찬요강』(2005)에서 제시한 사전의 올림말 수보다 약 10만 5천 개를 상회한다. 처음 계획보다 올림말 수가 상회하게 된 것은, 새 어휘 10만 개 확보가 불투명하므로 두 개 사전에서 실려 있는 올림말을 먼저 충분히 확보해 두었다가 추후에 재조정하는 것이 좋겠다는 북한측의 제안을 남한측이 수용한 결과이다.

남한측 올림말분과에서는 『겨레말큰사전편찬요강』(2005)의 준수와 편찬 일정 등을 고려하여 사전의 올림말 수를 약 30만 개로 재조정하기로 하였다. 그리하여 2010년 1월부터 2012년 12월까지 30만 5천여 개의 올림말에서 불필요한 한자어, 어려운 전문용어, 잘 쓰이지 않는 동식물 이름 등을 삭제 처리하여 약 22만 개의 올림말을 재선정하였다. 남측이 새로 조정한 올림말 수는, 두 사전에서 뽑은 올림말 22만 개와 새로 수집한 올림말 10만 개를 합한 약 32만 개다. 이러한 『겨레말큰사전』의 올림말 수에 대한 남한측 안은 북한측과의 최종 합의만 남겨 두고 있는 상태이다.

[2] 올림말 선정 원칙과 과정

『겨레말큰사전』의 올림말 선정 원칙은 『겨레말큰사전』 올림말 선정 작업요강에서 다음과 같이 밝히고 있는데, 작업의 진행은 남북이 각각 『표준국어대사전』과 『조선말대사전』의 올림말의 공통점과 차이점 및 문제점을 찾아, 먼저 공통적인 올림말을 확정하고 『겨레말큰사전』에 올릴 수 있는 것과 올릴 수 없는 것, 토의하여 해결할 것들을 가려낸다. 다음으로 두 사전에서 차이가 나는 것 중에서 쉽게 단일화할 수 있는 것과 토의를 더 해야 할 어휘를 가려내며, 『겨레말큰사전』에 올리지 않을 어휘를 확정하는 식으로 진행한다는 것이다.

① 두 사전에 다 같이 올라 있는 어휘의 처리: 『표준국어대사전』과 『조선말대사전』에서 공통적으로 다루어 온 대부분의 올림말은 두 가지 부류로 나누어 처리한다.

✓첫째 부류: 『겨레말큰사전』에 올릴 어휘 부류
고유어, 한자어 등 일반적인 어휘

✓둘째 부류: 『겨레말큰사전』에 올리지 않을 어휘 부류
두 사전에 공통적으로 올라 있지만 옛 한문책이나 국한문혼용체에서나 쓰였을 정도로 어려운 한자어는 『겨레말큰사전』의 올림말 대상에서는 제외한다.

(예) 도두(渡頭), 도진(渡津), 도치(島置), 목석난부(木石難傅) 등

② 어느 한 쪽 사전에만 올라 있는 어휘의 처리: 한쪽 사전에만 올라 있는 어휘는 『겨레말큰사전』에 올릴 수 있는 것도 있고 없는 것도 있으므로 일률적으로 올리든가 빼든가 하지 않는다. 다음과 같이 두 가지 어휘 부류로 나누어 처리한다.

✓첫째 부류: 『겨레말큰사전』에 올릴 어휘 부류

a. 과학 기술 발전과 관련한 어휘

(예) 하드웨어, 게놈분석, 게놈설, 다매체, 인지심리학 등

b. 역사 제도어와 관련한 어휘

(예) 예부/례부(禮部), 예백(曳白), 예빈시/례빈시(禮賓寺) 등

c. 고유어 방언, 은어

(예) 구살머리쩍다, 집난이, 가사하다(함북: 굼뜨다), 오레미, 오슬기(삵), 오빠시(함남: 올빼미), 강아지(담배, 간수), 꾹돈 등

✓둘째 부류: 『겨레말큰사전』에 올리지 않을 어휘 부류

a. 좁은 범위에서만 쓰이는 전문용어인 외래어

(예) 스피릿(spirit), 스피릿검(spirit gum), 스피어민트(spearmint)

b. 다듬은말이 있거나 쉽게 다듬을 수 있는 외래어

(예) 싱커페이션(syncopation)

c. 각종 고유명사(인명, 지명, 사건명, 국명, 종족명, 기관명, 단체명 등)

(예) 스탕달, 장개석, 베이징, 벽동군, 뉴욕, 노르망디상륙작전 등

d. 고어와 이두

(예) ᄇᆞ라(주라), ᄇᆞ듸집(바디집), ᄇᆞ라다(바라보다), ᄇᆞ람ᄉ벽(벽), ᄇᆞ랍다(가렵다), ᄂᆞᄅᆞ(나루), ᄂᆞᄅᆞᆺᄇᆡ(나룻배), ᄂᆞᄆᆞ새(남새), ᄂᆞ지(낮추), ᄂᆞᄌᆞᆺᄒᆞ다(나직하다) 등

③ 다듬은말, 관련 어휘, 체계성을 띤 어휘는 다음과 같은 방식으로 처리하기로 한다. 구체적으로 다음과 같다.

a. 다듬은말을 사전에 올릴 때는 본래말과 함께 올리는 것을 기본으로 한다.

(예) 노크－손기척, 비유량－젖짜는량, 뇨혈－피오줌, 부정아－막난눈 등

b. 다듬은말이 한때 쓰였으나 다른 말로 고쳐 다듬어졌으면 다시 고친 말을 올리도록 한다.

(예) 표피효과－겉면효과(×겉층효과), 주유－기름주기(×기름치기), 과적재－초과싣기(×지내싣기), 괴철－덩이철(×덩이쇠) 등

c. [다듬은말로], 부호 ＝로 보냈으나 사전에 없는 올림말은 모두 부호 ＝로 보내고, 보낸 올림말을 기본올림말로 처리한다.

(예) 별실＝딴방, 파면＝물결면, 식시안내표－차림표, 풍습－습비, 이중타격＝두번치기(×거듭치기), 풍가＝중풍환자

d. 부호 → 로 보냈으나 사전에 없는 올림말은 따로 올려 처리한다.

(예) 건치 → 말린꿩고기, 구지 → 옛땅, 광언 → 미친소리, 대아 → 큰어금이, 빙층 → 얼음층, 종빈돈 → 종자암돼지 등

e. 부호 → 로 보낸 올림말의 경우, 올림말을 따져서 보내는 말이 방언이면 없애고 기타의 것은 부호 → 로 보낸다.

(예) 가리탕 → 갈비탕, 간조르다 → 간종그리다, 배지개 → 배지기, 발가집다 → 발그집다, 비끼다 → 비키다, 새다리 → 가위다리

f. 체계성을 띤 어휘들에서 일부 빠진 어휘는 거두어서 올림말로 삼는다.

(예) 상행결장(하행결장, 횡행결장은 올라 있음), 외발서기, 뒤발

서기, 비껴서기, 구부려 준비서기, 모아준비서기(나란히서기, 교차서기, 주춤서기는 올라 있음)

[3] 남한의 『표준국어대사전』 어휘 가운데 제외된 어휘

남한의 『표준국어대사전』 어휘 가운데 제외된 어휘도 물론 있다. 체제나 이념과 관련한 어휘를 비롯하여 현재 거의 쓰이지 않는 한자어, 외래어, 전문용어, 고유명사 등이다. 구체적인 예를 들면 (9)와 같다.

(9) 『표준국어대사전』 어휘 가운데 제외된 어휘

a. 체제나 이념과 관련한 어휘

건국훈장, 구이팔수복, 국민포장, 국민훈장, 근정훈장, 반공포로석방, 보국포장, 새마을훈장, 육이오사변, 육이오전쟁, 한미상호통상조약, 한미연합사령부 등

b. 현재 쓰임이 거의 없는 한자어

교좌(交坐), 구수(丘首), 구한감우(久旱甘雨), 내후(乃後), 부청(俯聽), 삼배지치(三北之恥), 상췌(傷悴), 서통(書筒), 심홍(深泓), 의호(依怙), 이은(二恩), 일편지력(一鞭之力), 자염녹안(紫髥綠眼), 차채(借債), 찬학(篡虐), 최환(催喚), 측피(筍皮), 틈사(闖肆), 편습(便習), 헌춘(獻春) 등

c. 현재 쓰임이 거의 없는 전문용어

거양성혈, 국제상품협정, 동차좌표, 부사의지(不思議智), 산판겉목돌, 삼갈탑(三葛塔), 상용로그, 수렴급수, 안검외반(眼瞼外反), 안상저압부, 원환반응, 유효염소량, 특별거중조정, 팔라듐해면, 황체형성호르몬, 횡렬사구(橫列砂丘) 등

d. 외래어

나이트가운, 네트플레이, 로열패밀리, 맨투맨, 버터나이프, 세일

즈맨, 엔트리, 빅게임, 서머스쿨, 시나몬, 커버스토리, 코너아웃, 헤어밴드 등

e. 고유명사

김구, 나폴레옹, 논개, 달라이라마, 박문수, 신사임당, 원효대사, 잔다르크, 대한해협, 변산반도, 비로봉, 사하라사막, 수안보온천, 양쯔강, 전곡리유적, 카리브해, 탑골공원, 흑산군도 등

f. 동식물 이름

누런솔잎벌, 네발가락도롱뇽, 둥글먼지벌레, 말레이곰, 범나비벌레, 아프리카코뿔소, 인도들소, 좀홑니청벌, 제주혹달팽이, 참나무노린재, 톱사슴벌레, 흰점팔랑나비, 가는솜방망이, 고슴도치선인장, 까막바늘까치밥나무, 꾸지뽕나무, 둥근잎꿩의비름, 솔비녀골풀, 졸방제비꽃, 정영엉겅퀴, 창맨드라미, 홀아비바람꽃 등

[4] 북한의 『조선말대사전』 어휘 가운데 제외된 어휘

북한의 『조선말대사전』 어휘 가운데 제외된 어휘도 물론 있다. 마찬가지로 체제나 이념과 관련한 어휘를 비롯하여 현재 거의 쓰이지 않는 한자어, 외래어, 전문용어, 고유명사 등이다. 구체적인 예를 들면 다음 (10)과 같다.

(10) 북한의 『조선말대사전』 어휘 가운데 제외된 어휘

a. 체제나 이념과 관련한 어휘

간백산밀영, 간삼봉전투, 건국사상총동원운동, 공화국창건기념훈장, 독립녀장수, 반제반파쑈구국통일전선, 백두산밀영, 삼대혁명붉은기, 수령결사옹위, 인민군렬사탑, 조국통일삼대헌장, 조선혁명군, 천리마영예상, 총폭탄용사, 항일녀장수, 항일독립명장, 휘남현성전투 등

b. 현재 쓰임이 거의 없는 한자어

가고가대(加高加大), 가기이기방(可欺以其方), 가빈친로하다(家貧親老-), 건순로치(乾脣露齒), 견성리갑(堅城利甲), 견졸(卒), 경림옥수(瓊林玉樹), 단간척소(斷簡尺素), 단단주순(丹丹朱脣), 라신고장(裸身枯腸), 모렴행촉(廉行囑), 방담열어(放膽熱語), 빙청(請), 상미(爽味), 송앙(頌仰), 아준위(亞準位), 앙축대하(仰祝大賀), 야압육(野鴨肉), 엄극(嚴棘), 족대지(足大趾), 호최(蒿崔), 황화호(黃花蒿) 등

c. 현재 쓰임이 거의 없는 전문용어

가공유연세포, 가로자기마당전기기계증폭기, 결정화학적전환, 내굴질산, 노보카인염산염주사약, 말단소립, 발현운반체, 복사휠타, 비특성찬빛, 뽐프공동현상, 새끼오리비루스간염, 소비대차계약, 수직격막식조태기, 스피라노락톤, 쓸림누름부재, 열내기반응, 임플스진폭, 지단지각이상증, 피로게날, 흡착크로마토그라프법 등

d. 외래어

가니발, 꼬스모뽈리찌즘, 노메르, 데리케트하다, 데모크라시, 데파트먼트, 또치까, 인터나쇼날리즘, 센세이숀, 씽크탕크, 꺄베쯔, 코션, 후엔다 등

e. 고유명사

구룡소, 까라꿈사막, 까쓰삐해, 남북조선, 빠나마운하, 싼삐뜨로사원, 아마조나스강, 콜로쎄움 등

f. 동식물 이름

가는금빛채찍벌레, 가는다리애기좀진드기, 가문비잔털나무좀, 동해바다골뱅이, 마른깔때기버섯,만경대신벗, 목젖공이싸리버섯, 바늘싹흰잎지의, 바위긴구슬말, 붉은털가문비나무, 수염거은혹등에, 수풀알락희롱나비, 애기붉은꽃갓버섯, 치마투구해파리, 한색가는

배애기벌 등

[5] 남북한이 서로 다른 형태인데 단일화한 어휘

남북한 사전에서 서로 다른 형태인데 『겨레말큰사전』 편찬 회의에서 지금까지 형태를 단일화한 어휘의 예를 제시하면 다음 (11)과 같다. 문법 형태인 것도 있다.

(11) 형태 단일화한 어휘

단일안	남한말	북한말
거북이	거북이	거부기
걸죽하다	걸쭉하다	걸죽하다
곰곰이	곰곰이	곰곰히
곱배기	곱빼기	곱배기
관자노리	관자놀이	관자노리
근근이	근근이	근근히[12]
금이	금니	금이
나붓기다	나부끼다	나붓기다
넋두리	넋두리	넉두리
널찍하다	널찍하다	널직하다
널판대기	널판때기	널판대기
넓죽하다	넓죽하다	넙죽하다
늦둥이	늦둥이	늦동이
더욱이	더욱이	더우기
도리어	도리어	도리여

12 '가뜩이, 겹겹이, 그뜩이'도 마찬가지이다.

돈중	돈쭝	돈중
드디어	드디어	드디여
맛깔	맛깔	맛갈
맥놀이	맥놀이	맥노리[13]
멋적다	멋쩍다	멋적다
미쟁이	미장이	미쟁이[14]
벗어부치다	벗어부치다	벗어붙이다
빛깔	빛깔	빛갈
설부르다	섣부르다	서뿌르다
설거지	설거지	설겆이
숨바꼭질	숨바꼭질	숨박곡질
아리땁다	아리땁다	아릿답다
안쓰럽다	안쓰럽다	안스럽다
얄따랗다	얄따랗다	얇다랗다[15]
외톨이	외톨이	외토리
이빨	이빨	이발
일찍이	일찍이	일찌기
짓궂다	짓궂다	지꿎다
치다꺼리	치다꺼리	치닥거리
타성받이	타성바지	타성받이[16]
하마터면	하마터면	하마트면

13 '가슴노리, 관자노리, 어깨노리'도 마찬가지이다.

14 '도배쟁이, 땜쟁이'도 마찬가지이다.

15 '짤따랗다'도 마찬가지이다.

16 '각성받이, 언덕받이'도 마찬가지이다.

헤엄	헤엄	헤염
혼구멍	혼꾸멍	혼구멍
-을까	-을까	-을가
-을꼬	-을꼬	-을고
-을게	-을게	-을게
-을쏘냐	-을쏘냐	-을소냐
-을쏜가	-을쏜가	-을손가
-다시피	-다시피	-다싶이

다음 예는 복수 형태를 인정한 예이다. 즉, 남한말에서 '아내', 북한말에서 '안해'인 것을 둘 다 받아들이는 예이다.

(12) 복수 표기

단일안	남한말	북한말
아내/안해	아내	안해
볍씨/벼씨	볍씨	벼씨
햅쌀/햇쌀	햅쌀	햇쌀
달걀/닭알	달걀	닭알
오뚜기/오또기	오뚝이	오또기

서로 달리 사용하는 문법 용어도 다음과 같이 단일화하였다.

(13) 단일화한 문법 용어

단일안	남한말	북한말
의존명사	의존명사	불완전명사
의문대명사	의문대명사	물음대명사

순서수사	서수사	순서수사
수량수사	양수사	수량수사
감탄사	감탄사	감동사
접두사	접두사	앞붙이
접미사	접미사	뒤붙이

[6] 합의하지 못한 올림말

아직 합의하지 못한 올림말은 다음과 같다. 대표적인 것이 남한의 '일꾼, 장꾼, 나무꾼'이다. 이를 북한에서는 '일군, 장군, 나무군'으로 표기하는데, 이에 대해서는 아직 의견이 모아지지 않고 있다. 그 외에는 대체로 정치, 군사적인 어휘들이 있다.

(14) 합의하지 못한 올림말

a. 남한의 군인 계급: 이병(이등병), 일병(일등병), 상병(상등병), 병장, 하사, 중사, 상사, 특무상사, 원사, 준위(준사관), 소위, 중위, 대위, 소령, 중령, 대령, 준장, 소장, 중장, 대장, 원수, 장군, 이성장군, 삼성장군, 사성장군, 오성장군 등

b. 북한의 군사 칭호: 전사, 초급병사, 중급병사, 상급병사(상등병), 하사, 중사, 특무상사, 소위, 중위, 상위, 대위, 소좌, 중좌, 상좌, 대좌, 소장, 중장, 상장, 대장, 차수, 조선인민군원수, 조선인민공화국원수 등

c. 국명(韓, 朝)이 포함된 한자어: 내한(來韓), 방북(訪北), 북미(北美), 월남(越南), 월북(越北), 조영(朝英), 조중(朝中) 조중(朝中), 주영(駐英), 한중(韓中), 한독(韓獨), 한만(韓滿), 한미(韓美), 한일(韓日), 한중(韓中), 한영(韓英), 한불(韓佛). 한국동박새, 한국무용, 한국학, 한글, 한식, 한옥, 한우, 한인, 한지, 한국표

준시. 조선글, 조선기와, 조선낫, 조선바지, 조선음식, 조선인, 조선종이, 조선치마, 조선팽나무 등

d. 체제·이념: 국군(國軍), 인민군(人民軍), 남침(南侵), 북침(北侵), 납북(拉北), 태극기(太極旗), 인공기(人共旗), 애국가(愛國歌), 휴전선(休戰線), 삼팔선(三八線), 남파(南派), 북파(北派), 반공(反共), 멸공(滅共), 빨갱이 등

3) 외래어 단일화

남북한의 외래어 표기가 다르다는 것은 잘 알려져 있다. 우선 'ㄱ' 항에서 양쪽 사전 모두에 올려 있는 외래어를 살펴보면 남북한이 같은 것은 '가솔린(gasoline), 가운(gown), 가제(Gaze), 게놈(Genom), 게릴라(guerilla), 고릴라(gorilla), 고무(gomme), 골프(golf), 그리스(grease), 기타(guitar)' 등 85개이며, 서로 다른 것은 '갈륨/갈리움(gallium), 갱/깽(gang), 고딕/고지크(gothic), 그래픽/그라휘크(graphic), 카피/꼬삐(copy)' 등 86개이다. 표기가 같은 것과 다른 것이 반반인 셈이다.

위와 같은 현실에서 지금까지 『겨레말큰사전』 편찬에서 함께 논의한 내용은 다음과 같다. 서로 같은 것은 그대로 인정하고, 남북이 차이가 있는 것은 세 가지로 나누어 단일안을 마련하였다. 즉, 남한 외래어로 단일화한 것, 북한 외래어로 단일화한 것, 그리고 제3의 안으로 단일화한 것이다. 다만 필요한 경우, 둘 다를 인정하여 복수로 둔 것도 있다. 그 몇몇 예를 들면 다음과 같다.

(15) 남한 외래어로 단일화한 것

단일안	남한말	북한말
가돌리늄	가돌리늄	가돌리니움
고딕	고딕	고지크
공	공	공그
나일론	나일론	나이론
뉘앙스	뉘앙스	뉴앙스
디자인	디자인	데자인
라듐	라듐	라디움
레모네이드	레모네이드	레모네드
마네킹	마네킹	마네킨
마요네즈	마요네즈	마요내즈
매스컴	매스컴	매스콤
미라	미라	미이라
벤치	벤치	벤취
볼링	볼링	보링
비프스테이크	비프스테이크	비프스테크
사바나	사바나	사반나
스컹크	스컹크	스캉크
시럽	시럽	시롭
신	신	씬
아마추어	아마추어	아마츄어
저널리즘	저널리즘	져널리즘
집시	집시	집씨
코러스	코러스	코라스
크래커	크래커	크랙커

펀칭	펀칭	판칭
펌프	펌프	뽐프, 펌프

(16) 북한 외래어로 단일화한 것

단일안	남한말	북한말
가라데	가라테	가라데
기브스	깁스	기브스
깽	갱	깽
다이나마이트	다이너마이트	다이나마이트
도크	독	도크
라벨	라벨, 레이블	라벨
런닝	러닝	런닝
로보트	로봇	로보트
본네트	보닛	본네트[17]
부타놀	부탄올	부타놀
샤마니즘	샤머니즘	샤마니즘
색스폰	색소폰	색스폰
세퍼드	셰퍼드	세퍼드
알콜	알코올	알콜
잠바	점퍼	잠바
컨닝	커닝	컨닝
필림	필름	필림

17 남한 사전에서 '보닛'의 뜻풀이는 '1. 여자나 어린아이들이 쓰는 모자의 하나. 턱 밑에서 끈을 매게 되어 있다. 2. 자동차의 엔진이 있는 앞부분의 덮개'와 같이 두 가지이나, 북한 사전에서 '본네트'의 뜻풀이는 '머리를 깊게 덮는 채양없는 여자의 모자'와 같이 한 가지뿐이다.

헤르쯔	헤르츠	헤르쯔

(17) 제3의 안으로 단일화한 것

단일안	남한말	북한말
기아	기어	기야
다이알	다이얼	다이얄
리야카	리어카	리야까
메세지	메시지	메쎄지
몽따주	몽타주	몽따쥬

(18) 복수로 인정한 것

단일안	남한말	북한말
갤런/갈론	갤런	갈론
그래프/그라프	그래프	그라프
그래픽/그라픽	그래픽	그라휘크
달리아/다리아	달리아	다리아
댄스/단스	댄스	단스
드라이버/도라이바	드라이버	도라이바
드럼/도람	드럼	도람
드레스/도레스	드레스	도레스
라디오/라지오	라디오	라지오
레슬링/레스링	레슬링	레스링
배드민턴/바드민톤	배드민턴	바드민톤
벡터/벡토르	벡터	벡토르
보일러/보이라	보일러	보이라
시멘트/세멘트	시멘트	세멘, 세멘트

에너지/에네르기　에너지　　　　에네르기

4) 뜻풀이 단일화

『겨레말큰사전』의 남한과 북한의 편찬위원들이 집필요강을 작성하여 올림말 속구조를 확정하고 집필 방식, 뜻풀이 방식 등을 합의하였다. 합의한 방식에 따라 실제 공동으로 뜻풀이한 것을 살펴보고자 한다. 각 측이 나누어서 먼저 시범 집필을 하고 이를 교환하여 검토한 다음, 최종 합의하는 과정이다. 먼저 '선동'(煽動)의 뜻풀이를 단일화해 가는 과정이다.

제1단계: 북한의 시범 뜻풀이

① 대중에게 어떤 큰 일이나 투쟁에 적극 떨쳐나서도록 호소하고 그들의 기세를 북돋아주기 위하여 진행하는 사업. ‖ 힘있는 정치사상적인 {선동}. | 방송차에서는 전투적인 음악과 {선동}헌실이 그칠새없이 터져나왔다.(총서 "불멸의 향도" 중 장편소설 '별의 세계')

② 남을 부추겨 어떤 일이나 행동에 나서도록 하는 것. | 기남이는 물에 들어가면 돌맹이 한가지이지만 동무들의 {선동에} 못이겨 그들을 따라 강가로 나갔다. / 숱한 떼목군들이 그의 {선동에} 들떠서 돌아친다. 여차하면 떼목촌이 한벌 뒤집힐판이다.(총서 "충성의 한길에서" 중 장편소설 '그리운 조국산천')

제2단계: 남한의 시범 뜻풀이

남을 부추겨 일이나 행동에 나서게 하는 것. ‖ {선동} 활동. 파업 {선동}. {선동을} 벌이다. {선동을} 당하다. {선동에} 넘어가다. {선동이} 효과적이다. | "은척1리 사람 말고는 은척에는 사람이 없나, 집어치워라." 하며 주먹까지 휘두르면서 {선동을} 하는 게 아니

겠습니까. (성석제: '아름다운 날들').

제3단계: 북한의 시범 뜻풀이에 대한 남의 검토 의견

- 뜻갈래 배열에서는 기본적이거나 본질적인 뜻갈래를 앞세운다. 따라서 ②가 ①보다 앞에 나서는 것이 바람직해 보인다.
- 뜻갈래 배열은 올림말의 글자 그대로 뜻에 가까운 것을 앞에 배치한다. '기본적이거나 본질적인 뜻갈래'는 고빈도 용법이 아니라 올림말의 본디 뜻에 초점을 둔다.
- 체제나 이념이 달라 뜻풀이에 차이가 생긴 올림말은 따로 논의하기로 하였다. 원칙적으로 뜻갈래 배열이나 선정의 원칙을 적용하는 것을 우선하는 방안을 고려한다. 따라서 ①은 ② 뒤에 두되, 남한측에서 받아들이기 어려운 표현은 고쳐서 제시한다. 이를 남한측에서 받아들일 만하게 고치면 다음과 같다.

  ② 북녘에서, 어떤 큰 일에 적극 나서도록 호소하고 기세를 북돋아주는 사업. ‖ 정치사상적인 {선동}. | 방송차에서 {선동} 연설이 그칠 새 없이 터져 나왔다.
- 상대측 사상과 이념에 따라 뜻풀이에 차이가 생긴 올림말은 뜻풀이 전체를 최대한 존중하되, 받아들이기 어려운 표현은 고쳐 제시하고 상대측의 검토를 받는다. 지역 정보는 주지 않고, 뜻풀이 앞에서 '남녘에서', '북녘에서'로 제한표현을 준다.

제4단계: 남한의 시범 뜻풀이에 대한 북의 검토 의견

- 북 원고에 보인 뜻 ①은 결코 체제나 리념의 차이를 부각시키고 고취하는것이 아니며 북의 언어현실을 반영한것이므로 하나의 갈라진뜻으로 주었다. 그러나 두번째 뜻으로 할수는 있을 것이다.

제5단계: 남북이 합의한 뜻풀이

① 남을 부추겨 어떤 일이나 행동에 나서게 하는 것. ‖ {선동} 활동. 파업 {선동}. {선동을} 벌이다. {선동을} 당하다. {선동에} 넘어

가다. {선동이} 효과적이다. | 기남이는 물에 들어가면 돌멩이 한 가지이지만 동무들의 {선동에} 못이겨 그들을 따라 강가로 나갔다. / "은척1리 사람 말고는 은척에는 사람이 없나, 집어치워라." 하며 주먹까지 휘두르면서 {선동을} 하는 게 아니겠습니까. (성석제: '아름다운 날들').

② <대중에게 어떤 큰 일에 적극 나서도록 호소하고 기세를 북돋아 주는 사업>을 북에서 이르는 말. ‖ 힘있는 정치사상적인 {선동}. | 방송차에서는 전투적인 음악과 {선동} 연설이 그칠새없이 터져나왔다. (장편소설: '별의 세계').

한 예를 더 소개하고자 한다. '감독'의 뜻풀이를 단일화해 가는 과정이다.

제1단계: 북한의 시범 뜻풀이

① 무엇이 잘못되지 않도록 살피고 단속통제하는 일 또는 그 일을 하는 사람. ‖ 재산관리에 대한 {감독}. 시험{감독}. {감독의} 눈에 뜨이다.

② 제품의 질적상태를 검사하는 일 또는 그 일을 하는 사람. ‖ 품질{감독}.

③ ≪체육≫ 선수훈련과 경기운영과정을 직접 책임지고 지휘하는 일 또는 그 일을 맡아하는 사람. | 체육경기는 {감독}들사이의 두뇌전이라고 한다.

④ ≪연출가≫를 남에서 이르는 말.

⑤ ≪종교≫ 카톨릭교나 감리교의 높은 교직자, 교회의 관리, 의례집행, 신도들에 대한 교리교육 등을 맡아한다.

⑥ ≪력사≫ 리조 말기에, 궁내부에 속한 칙임벼슬. 수륜원, 철도원,

내장원, 비원, 광학국 같은데서 책임자의 일을 도왔다.

제2단계: 남한의 시범 뜻풀이

① 일이나 사람 등이 잘못되지 않도록 살피어 단속하는 일. ‖ 시험 {감독}. 작업 {감독}. | 조합장과 최 전무도 조합의 {감독} 소홀로 다른 곳으로 전출이 됐으나 상무였던 아버지만은 어쩐 일인지 그대로 있게 되었다. (전상국: '좁은 길') [비슷] 독찰.

② 살피어 단속하는 사람. ‖ 공장 {감독}. 현장 {감독}. {감독을} 맡다. / 그는 마치 옥희와 {감독} 사이에 무슨 밀접한 관계가 있지 않은가 의심하였다. (이기영: '고향').

③ 영화, 공연, 경기 등을 지휘하거나 책임을 맡은 사람. ‖ 축구팀 {감독}. | 나운규 {감독의} 영화 <아리랑>을 보았다.

④ ≪종교≫ 감리교회 등에서, 교회를 관리하고 의례와 교육을 맡아보는 높은 직무, 또는 그 사람.

제3단계: 북의 시범 뜻풀이에 대한 남의 검토 의견

- ①과 ②, ③과 ④는 각각 한 뜻갈래로 묶어도 좋을 듯하다.
- 되도록 전문어 수를 줄이자는 그동안의 논의 내용을 감안하여 ③은 전문어로 보지 않는 것이 좋겠다.
- ⑥은 별도 단어였다면 올림말 선정지침에 따라 삭제되었을 만한 것이므로 뜻갈래에서도 삭제하는 것이 좋겠다.

제4단계: 남한의 시범 뜻풀이에 대한 북의 검토 의견

- 뜻 ①과 ②를 합쳐야 할 것 같다.
- 북한측에서는 체육분야에서 선수훈련과 경기운영을 맡아보는 사람을 ≪감독≫이라고 하지만 예술분야에서 지휘하거나 책임을 맡은 사람을 ≪감독≫이라고 하지 않는다. 이런 실정을 고려하여 뜻③을 체육과 관련시켜서만 풀이하고 갈라진뜻 하나를 더 주어 ≪<…연출을 맡은 사람>을 남에서 이르는 말≫과 같이 주석했으면 한다.

제5단계: 남북이 합의한 뜻풀이

① 일이나 사람 등이 잘못되지 않도록 살피어 단속하는 일, 또는 그런 일을 맡은 사람. ‖ 시험 {감독}. 작업 {감독}. 품질 {감독}. 현장 {감독}. {감독을} 맡다. | 조합장과 최 전무도 조합의 {감독} 소홀로 다른 곳으로 전출이 됐으나 상무였던 아버지만은 어쩐 일인지 그대로 있게 되었다. (전상국: '좁은 길') / 그는 마치 옥희와 {감독} 사이에 무슨 밀접한 관계가 있지 않은가 의심하였다. (이기영: '고향')[비슷] 독찰.

② ≪체육≫ 선수 훈련과 경기 운영 과정 등을 직접 책임지고 지휘하는 일, 또는 그런 일을 맡은 사람. ‖ 축구팀 {감독}. | 체육경기는 {감독}들 사이의 두뇌전이라고 한다.

③ <영화, 공연 등을 연출하거나 책임을 맡은 사람>을 남에서 이르는 말. | 나운규 {감독의} 영화 <아리랑>을 보았다.

④ ≪종교≫ 감리교회 등에서, 교회를 관리하고 의례와 교육을 맡아보는 높은 직무, 또는 그 사람.

다음은 '간첩'의 뜻풀이를 단일화해 가는 과정이다.

제1단계: 남한의 시범 뜻풀이

간첩 [간:첩] (間諜) (명)

어떤 나라나 단체의 비밀이나 형편을 몰래 알아내어 경쟁 또는 대립 관계에 있는 나라나 단체에 제공하는 사람. ‖ {간첩} 신고, {간첩} 혐의, {간첩} 노릇을 하다, {간첩}을 체포하다, {간첩}을 밀파하다, {간첩을} 침투시키다. [같은말] 세인(細人), 세작(細作), 스파이, 첩자(諜者)

제2단계: 북한의 검토 뜻풀이

어떤 나라나 군대 또는 일정한 단체의 비밀을 몰래 알아내어 적대 또는 경쟁 관계에 있는 편에 제공하는 자. ‖ {간첩} 신고, {간첩} 혐의, {간첩} 노릇을 하다, {간첩}을 체포하다, {간첩}을 밀파하다, {간첩을} 침투시키다. [같은말] 세인(細人), 세작(細作), 스파이, 첩자(諜者)

[의견] 간첩이라고 하면 말하는 사람의 립장에서는 어디까지나 나쁜 사람이다. 때문에 사람이라고 하기보다 '자'로 하는 것이 좋을 것 같다.

제3단계: 남한의 재검토 뜻풀이

어떤 나라나 군대 또는 일정한 단체의 비밀을 몰래 알아내어 적대 또는 경쟁 관계에 있는 편에 제공하는 사람. ‖ {간첩} 신고, {간첩} 혐의, {간첩} 노릇을 하다, {간첩}을 체포하다, {간첩}을 밀파하다, {간첩을} 침투시키다. [같은말] 세인(細人), 세작(細作), 스파이, 첩자(諜者)

[의견] 간첩은 그 일을 시키는 측과 당하는 측이 서로 다른 가치 평가를 할 수 있는 경우이므로 중립적인 표현으로 풀이하는 것이 좋겠다.

제4단계: 집필회의 후 완성 원고

어떤 나라나 군대 또는 일정한 단체의 비밀을 몰래 알아내어 적대 또는 경쟁 관계에 있는 편에 제공하는 자. ‖ {간첩} 신고, {간첩} 혐의, {간첩} 노릇을 하다, {간첩}을 체포하다, {간첩}을 밀파하다, {간첩을} 침투시키다. [같은말] 세인(細人), 세작(細作), 스파이, 첩자(諜者)

[합의] 북한측에서는 간첩을 '-하는 사람'으로 표현하는 것은 도저히 받아들일 수 없다고 하여 결국 '-하는 자'로 표현하기로 합의하였다.

5) 어문규범 단일화

남한에서는 1933년 조선어학회(지금의 한글학회)에서 제정한 한글맞춤법통일안을 광복 후에도 국가의 공인된 맞춤법으로 삼고 계속 사용해 왔으며, 1989년부터는 이를 조금 고치고 다듬은 새로운 한글맞춤법을 사용하고 있다. 북한에서는 1954년에 조선어철자법을 새로 제정해 사용하다가, 1966년 조선말규범집으로 수정하였다. 남북한의 표기법은 이와 같이 서로 교류 없이 각각 시행해 온 결과 차이가 생기게 되었다.

이러한 남북한의 서로 다른 어문규범에 대한 연구와 또한 그러한 어문규범을 단일화해 보려는 노력이 그동안 남북의 국어학계, 국어정보학계, 정부기관 등에서 이루어진 바 있다. 하지만 그 성과는 그리 크지 않았다. 그러나 최근에 『겨레말큰사전』 편찬과 관련하여 남북의 어문규범을 단일화하기 위한 사업에서는 어느 정도 그 성과가 나타나기에 이르렀다. 이제 그간 『겨레말큰사전』 편찬에서 남북의 어문규범을 단일화하기 위해 의논한 내용을 소개하고 앞으로의 과제를 생각해 보고자 한다.

[1] 자모 배열 순서

『겨레말큰사전』 편찬 과정에서 논의된 올림말 배열을 위한 자모 배열 순서에 대해 소개하고 한다. 자모 배열 순서는 남북의 편찬위원들이 합의를 마친 내용이다. 자모 배열 순서에서 남북이 차이를 보이는 것은 크게 다음과 같은 네 가지다.

(19) 자모 배열 순서의 차이점

a. 초성 순서에서 'ㅇ' 위치

b. 초성 순서에서 겹자음 'ㄲ, ㄸ, ㅃ, ㅆ, ㅉ' 위치

c. 중성 순서에서 홑모음과 겹모음 위치

d. 종성 순서에서 겹자음 'ㄲ, ㅆ' 위치

첫째, 초성 순서에서 'ㅇ' 위치는 잘 알다시피, 남한에서는 'ㅇ'의 순서가 'ㅅ' 다음에 놓이지만 북한에서는 자음 글자가 다 끝난 다음에 모음인 'ㅇ' 항목이 놓인다. 이것은 남북이 사전을 찾을 때 가장 크게 차이 나는 점이다. 이러한 차이를 단일화하기란 쉽지 않다. 양측 모두 합당한 언어학적 이론을 내세우고 있기 때문이다. 그러나 전통적인 방식에 따라 남한의 순서대로 초성에서 'ㅅ' 다음에 'ㅇ'을 두는 것으로 합의하였다.

둘째, 초성에 쓰이는 겹자음 'ㄲ, ㄸ, ㅃ, ㅆ, ㅉ' 위치에 대해, 남한에서는 'ㄱ' 다음에 'ㄲ'이, 'ㄷ' 다음에 'ㄸ'이 놓이는 반면, 북한에서는 'ㅎ'까지 모두 끝나고 'ㄲ, ㄸ, ㅃ, ㅆ, ㅉ'이 차례로 놓인다. 즉, 남한에서는 'ㄱ ㄲ ㄴ ㄷ ㄸ ㄹ ㅁ ㅂ ㅃ ㅅ ㅆ ㅇ ㅈ ㅉ ㅊ ㅋ ㅌ ㅍ ㅎ' 순서로 하고 있으며, 북한에서는 'ㄱ ㄴ ㄷ ㄹ ㅁ ㅂ ㅅ ㅈ ㅊ ㅋ ㅌ ㅍ ㅎ ㄲ ㄸ ㅃ ㅆ ㅉ ㅇ' 순서로 하고 있다. 이것은 북한의 순서대로 하기로 합의하였다. 결과적으로 초성 순서는 다음과 같이 하였다.

(20) 초성의 배열 순서 합의안

ㄱ ㄴ ㄷ ㄹ ㅁ ㅂ ㅅ ㅇ ㅈ ㅊ ㅋ ㅌ ㅍ ㅎ ㄲ ㄸ ㅃ ㅆ ㅉ

셋째, 중성의 모음 글자의 순서에 대해, 남한은 'ㅏ ㅐ ㅑ ㅒ ㅓ ㅔ ㅕ ㅖ ㅗ ㅘ ㅙ ㅚ ㅛ ㅜ ㅝ ㅞ ㅟ ㅠ ㅡ ㅢ ㅣ' 순서이고, 북한은 'ㅏ ㅑ ㅓ ㅕ ㅗㅛㅜㅠㅡㅣ ㅐㅒㅔㅖㅚㅟㅢㅘㅝㅙㅞ' 순서이다. 이에 대해서 다음과 같이 합의하였다. ① 홑모음글자를 먼저 배열하고 이어서 겹모음글자를 배열한다. ② 홑모음글자의 배열순서는 'ㅏ, ㅑ, ㅓ, ㅕ, ㅗ, ㅛ, ㅜ, ㅠ, ㅡ, ㅣ'로 하고, 겹모음 글자의 순서는 'ㅐ ㅒ ㅔ ㅖ ㅘ ㅚ ㅙ ㅝ ㅟ ㅞ ㅢ'로 하기로 하였다.

넷째, 종성(받침)에서 겹자음 'ㄲ, ㅆ'의 순서는 북한 순서대로 모든 자음이 끝난 뒤에 두기로 하였다. 결과적으로 종성 순서는 다음과 같이 하였다.

(21) 종성의 배열 순서 합의안

ㄱ ㄳ ㄴ ㄵ ㄶ ㄷ ㄹ ㄺ ㄻ ㄼ ㄽ ㄾ ㄿ ㅀ ㅁ ㅂ ㅄ ㅅ ㅇ ㅈ ㅊ ㅋ ㅌ ㅍ ㅎ ㄲ ㅆ

한편 글자 이름에 대해서 차이가 나는 것은 홑자음 'ㄱ, ㄷ, ㅅ'의 이름과 겹자음 'ㄲ, ㄸ, ㅃ, ㅆ, ㅉ'의 이름이다. 남한의 이름은 각각 '기역, 디귿, 시옷', 그리고 '쌍기역' 등이다. 북한의 이름은 각각 '기윽, 디읃, 시읏', 그리고 '된기윽' 등이다. 이러한 글자 이름에 대해서는 'ㄱ(기윽), ㄷ(디읃), ㅅ(시읏)'으로, 겹자음은 'ㄲ(쌍기윽), ㄸ(쌍디읃), ㅃ(쌍비읍), ㅆ(쌍시읏), ㅉ(쌍지읒)'으로 하기로 하였다.

[2] 띄어쓰기

남북의 띄어쓰기에서 '단어 단위로' 띄어 쓴다는 원칙은 일치한다. 현재 이 원칙에 따르되 북한은 붙여 쓰는 경우를 넓게 잡아 규정한 반면, 남한은 극히 일부에 한해 붙여 쓰도록 하거나 붙여 쓰는 것을 허용하고 있다.

한편 남한에서는 1989년에 이전보다는 좀 더 붙여 쓰는 것을 허용하는 방향으로 수정되었으며, 북한에서는 1966년부터 붙여 쓰는 쪽으로 진행되어 오다가 2000년도 규범에서 일부 띄어 쓰는 쪽으로 수정이 되기도 했지만, 최근 다시 붙여 쓰는 쪽으로 바뀌었다.

띄어쓰기에서 가장 큰 쟁점은 의존명사, 보조용언, 대명사, 명사 연결체 등의 띄어쓰기이다. 먼저 의존명사 띄어쓰기이다. '것, 바, 줄, 수' 등과 같은 의존명사의 경우, 남한에서는 '갈 바를 알 수 없다'로 북한에서는 '갈

바를 알수 없다'로 쓴다. 이 문제는 단어 단위로 띄어 쓰는 원칙을 존중하여 '갈 바를 알 수 없다'처럼 띄어 쓰는 것으로 의견을 모으고 있다. 다만, 단위를 나타내는 의존명사는 '한명, 두마리'처럼 붙여 쓰는 것으로 의견을 모으고 있다. 즉, 일반 의존명사는 띄어 쓰고, 단위를 나타내는 의존명사는 앞말과 붙여 쓰는 쪽으로 하였다.

(22) 의존명사 띄어쓰기

남한:	갈 바를 알 수 없다	한 사람, 두 마리
북한:	갈바를 알수 없다	한사람, 두마리
합의:	갈 바를 알 수 없다	한사람, 두마리

다음은 본용언과 보조용언의 띄어쓰기이다. 본용언과 보조용언의 띄어쓰기도 중요한 논의 과제이다. 남한에서는 '가고 있다, 읽게 하였다, 오지 않았다, 먹어 버렸다'처럼 띄어 쓰는 것을 원칙으로 하나, 북한에서는 '가고있다, 읽게하였다, 오지않았다, 먹어버렸다'처럼 붙여 쓴다. 이에 대해 보조용언을 띄어 쓰되, 용언에 붙는 토 '－어' 바로 다음에 오는 보조용언을 앞말에 붙여 쓰는 것으로 의견을 모았다.

(23) 본용언과 보조용언의 띄어쓰기

남한:	가고 있다	읽게 하였다	오지 않았다	먹어 버렸다
북한:	가고 있다	읽게하였다	오지않았다	먹어버렸다
합의:	가고 있다	읽게 하였다	오지 않았다	먹어버렸다

대명사의 띄어쓰기도 논의 대상이 되었다. 대명사의 경우, 앞말과 띄어 쓴다는 큰 원칙에는 의견을 같이 하였으나, '우리글, 우리나라, 우리말'의 경우, 남한은 합성어로 인정하여 붙여 쓰는 것을 제안하였고, 북한은 대명

사 '우리'와 명사 '글, 나라, 말'의 연결체로 보아 띄어 쓰는 것을 제안하였다. 여러 차례 회의 결과, '우리+글, 우리+말'은 합성어로 보아 '우리글, 우리말'로 붙여 쓰고, '우리+나라'는 구로 보아 '우리 나라'로 띄어 쓰는 것으로 의견을 모아 가고 있다.

다음으로 명사 연결체를 보면, 남한에서는 '통일 대학교 사범 대학'을 원칙으로 하고, '통일대학교 사범대학'을 허용한다. 북한에서는 '통일대학교 사범대학'으로 쓴다. 이 문제에 대해서는 '의미 단위별로' 띄어 쓰는 쪽으로 의논하였다. 즉, '통일대학교 사범대학'으로 표기하기로 한 셈이다.

고유명의 경우, 이름과 호는 성에 붙여 써서 '김양수, 서화담'으로, 지명의 단위를 나타내는 명사는 앞말에 붙여 써서 '서울시, 평양시'로, 기관·기구·단체 등의 명칭은 의미 단위별로 띄어 써서 '사회과학원 언어학연구소, 평양시 중구역 대동문동' 등으로 표기하기로 하였다.

(24) 명사 연결체의 띄어쓰기

남한:	통일 대학 사범 대학 부속 고등 학교	국가 건설 방향 설정
북한:	통일대학 사범대학 부속고등학교	국가건설방향설정
합의:	통일대학 사범대학 부속고등학교	국가건설 방향설정

[3] 사이시옷

사이시옷 표기에 관해서 남북이 의견을 모으기란 매우 어렵다. 남한에서는 주어진 조건에서는 사이시옷을 모두 쓰지만, 북한에서는 원칙적으로 사이시옷을 쓰지 않는다. 현격히 다른 두 표기법을 단일화한다는 것은, 지금도 그렇지만, 앞으로도 상당히 어려울 것으로 짐작된다. 그래서 남북한은 사이시옷 표기의 차이를 줄일 수 있는 공통분모를 찾기 위한 방안을 서로 제시하여 몇 차례 의논하고 있다.

현재 남한이 '나뭇잎, 냇가, 귓병, 전셋집, 등굣길'로 표기하는 것을 북한에서는 '나무잎, 내가, 귀병, 전세집, 등교길'로 표기한다. 이러한 차이를 줄이는 방법은 남한은 사이시옷 표기의 수를 줄이는 것이고 북한은 표기의 수를 늘이는 것이다. 따라서 남한은 여러 차례 제안을 수정해 가면서 다음과 같은 안을 제시하였다.

(25) 사이시옷에 대한 남한측의 의견

a. 고유어와 한자어를 구별하여 순수 한자어에는 사이시옷을 표기하지 않는다.

b. 합성어 앞말이 고유어인 것 중 남과 북의 발음이 일치하는 경우(뒷말의 첫소리가 된소리로 나거나 'ㄴ'이 덧나는 경우)는 사이시옷을 표기한다.

이렇게 하면, '나뭇잎, 냇가, 귓병, 전세집, 등교길'로 표기하게 된다. 이에 대해 북한은 다음과 같은 안을 제시하였다.

(26) 사이시옷에 대한 북한측의 의견

『조선말대사전』에서 '고유어+고유어, 고유어+한자어'에 한하여 사이시옷이 나는 단어와 나지 않는 단어가 동음이의어의 관계에 있으면 사이시옷이 나는 단어에 사이시옷을 받쳐 적는다.

이에 따르면, '비바람'과 '빗바람', '새별'과 '샛별', 더 나아간다면 '내가 냇가로 간다' 정도에서 사이시옷을 쓰게 된다. 그러나 남북의 이러한 제안으로서는 차이를 줄이기는 어렵다.

(27) 사이시옷 표기

남　한: 나뭇잎	냇가	귓병	전셋집	등굣길	장맛비	북엇국
북　한: 나뭇잎	내가	귀병	전셋집	등굣길	장마비	북어국
남제안: 나뭇잎	냇가	귓병	전셋집	등굣길	장마비	북어국
북제안: 나뭇잎	냇가	귓병	전셋집	등굣길	장마비	북어국

[4] 두음법칙

남북한의 어문규범 단일화 작업에서 아마도 '역사'와 '력사', '여성'과 '녀성'의 표기를 단일화하는, 단어 첫머리의 ㄴ, ㄹ 표기 문제인 두음법칙에 관한 것이 가장 큰 과제일 것이다. 이에 대해서는 남북이 조금씩 의견을 주고받았지만, 아직 방향을 정하지 못하고 있다. 현재까지의 의논 내용은 다음과 같다.

남한과 북한은 두음법칙 표기에 대해 각 측의 서로 다른 입장을 확인하고, 앞으로 양측 모두에게 큰 충격을 주지 않는 범위에서 두음법칙 표기를 단일화하는 방안을 찾아내는 일에 남북이 함께 노력하기로 하였다.

문제 해결 방안으로 ① 어느 한 쪽으로 단일화하는 방안, ② 복수 표기를 인정하여 두 표기형을 다 싣는 방안, ③ 'ㄹ' 두음과 'ㄴ' 두음을 분리해서 처리하는 방안 등이 언급되었다. 특히 북한은 ④ 사회적인 충격이 큰, 빈도수가 높은 단어에만 복수 표기를 인정하는 방안도 고려할 수 있음을 제시하였다.

그러나 이들 방안 중 지향해야 할 바람직한 방안은 ①이라는 데 남북한 모두 인식을 같이 하면서, 가장 합리적인 단일화 방안을 마련하기 위해 시간을 두고 지속적으로 토론하기로 하였다.

4. 컴퓨터 용어 단일화

모든 영역에서 컴퓨터 활용이 늘어가는 상황이지만, 근본적으로 컴퓨터는 외국에서 들어온 것이기 때문에 그와 관련된 용어는 대부분 영어로 되어 있어, 영어를 배우지 않은 초등학생이나 영어를 모르는 이들이 쉽게 접근하고 활용할 수 없게 한다. 또한 영어를 그대로 사용하는 것은 우리의 전통문화를 새롭게 계승 발전하는 데에 큰 장애 요소가 된다. 이들 컴퓨터 관련 용어를 국어로 순화 정리하지 않으면 현실 생활과 전통문화 계승 모두에 큰 문제가 있음은 남북한이 한가지이다. 이러한 상황에서 1990년대에 남북한 컴퓨터 용어를 단일화하기 위한 노력이 전개된 바 있다. 이러한 전개 과정은 다음 보고서에 정리되어 있다.

홍윤표·진용옥 1996, 『컴퓨터 처리분야 남북한 언어동질화 방안 연구』, 사단법인 국어정보학회·문화체육부.

이 보고서는 제1부 「컴퓨터 부호계 한글 자모순 남북한 공동안 연구」와 제2부 「컴퓨터 용어 남북통일안 연구」로 구성되어 있으며, 자료로 「남북 정보처리용어 통일안 ICCKL 합의 초안」이 덧붙여 있다. 이제 이 보고서에 기술된 내용을 바탕으로 남북한 컴퓨터 어휘 단일화 노력의 일단을 살펴보기로 하자.

이들 컴퓨터 관련 용어를 국어로 순화 정리하지 않으면 현실 생활과 전통문화 계승 모두에 큰 문제가 있음은 남북한이 한가지라 하였는데, 1994년 7월과 1995년 9월에 각각 열렸던 제1차 및 제2차 "Korean 컴퓨터 처리 국제학술대회(ICCKL)"에서도 이 문제는 심각하게 논의되어, 남북한이 공동으로 대처하기로 합의하였다. 그리고 1996년 8월에 열린 제3차 회의에서도 이 문제를 집중적으로 논의하였다.

컴퓨터 용어의 남북한 단일안 제정의 의의를 다음과 같이 설명하고 있다. 장차 남북통일을 대비하며, 또는 통일 이전의 남북 간의 학술 교류와 정보화 시대의 의사소통을 위하여, 남북 간의 차이 나는 요소를 극복하며 동질성을 확보하는 데 그 의의가 있다. 민간 차원에서 학술적으로 연구된 남북의 용어 단일안 제정은 이에 관련된 각 측의 국가 표준화 작업에 기초 자료를 마련한다는 것도 이 사업의 중요한 의미 가운데 하나다. 또한 우리 말을 사용하는 제외교포, 즉 중국 조선족 동포들에게도 표준을 마련해 준다는 의미도 있다.

1994년 ICCKL 이후 남한에서는 전산용어 단일안의 기준을 마련하기 위해 노력하였다. 남북한의 이 분야의 현실적인 표준이 다르고, 변화에 따르는 파급 효과가 엄청난 것임을 생각할 때, 장기적인 안목에서 이를 학술적이고 합리적인 방법으로 접근해야 하기 때문에, 가장 필요한 것이 평가 기준이었다. 이에 따라 국어정보학회 진용옥 교수가 1995년 6월에 전문가 논의를 거쳐 평가 기준을 마련하였다. 그리고 1995년 제2차 ICCKL 이전에 이를 북한과 중국에 제안하였다.

(28) 남북 컴퓨터 용어 공동안 제정 기준

1. 표준화의 일반적인 고려사항: 개념의 정확성, 사용의 보편성, 인지의 용이성, 표현의 경제성, 범주의 체계성, 사용의 변별성, 표기의 고유성, 국제적 상관성, 장차의 확장성, 어법의 적절성
2. 순화대상 용어의 확정: 범주 및 분야의 결정, 용어의 수집, 용어의 등급 정하기
3. 용어의 분석: 순방향 어휘 목록 만들기, 역방향 어휘 목록 만들기, 관계 어휘(동의·유의·반의) 목록 만들기, 특별한 형태(약어, 단위명, 상품명, 고유명사) 목록 만들기
4. 용어의 비교와 정의: 지역적 차이 분석 및 공통 사용 용어 수집

(남북 같은 용어, 남북 다른 용어, 어느 한 쪽만의 용어, 중국 조선족의 용어), 의미 차이의 개략적 분석, 정확한 의미의 분석

그 무렵 국어정보학회가 『우리말 전산용어사전』(정음문화사, 1995)을 펴냈는데, 이 책에서 영문–한글 대조 목록에서 해당 북한의 용어를 함께 제시한 바 있다. 이것이 남북한의 용어 단일화 작업의 첫걸음이라 한다. 이때 참고한 책이 북한의 『전자계산기 프로그람 용어사전』(과학, 백과출판사, 1986)이라 한다.

이제 구체적으로 남북 컴퓨터 용어를 단일화한 과정을 살펴보기로 하자. 1995년 제2차 ICCKL에서는 양측 공통으로 들어 있는 365개를 분석하였다. 그 결과는 다음과 같다.

(29) 남북 컴퓨터 용어 공통 어휘 분석

1. 남북 완전히 같은 용어 106개
2. 북한에서 표준으로 제정한 용어 중 남한에서 허용한 용어 29개
   (예) 단어–낱말
3. 합성어의 경우, 일부 표현이 통일될 때 손쉽게 공동안이 만들어질 수 있는 용어 15개
   (예) 전산기–계산기, 주소–번지, 글자–문자
4. 기타 서로 달리 사용하는 용어 215개
   (예) computer　　전산기/계산기[18]
   keyboard　　자판/건반

18 computer와 calculator에 대한 남한, 북한, 중국조선말의 차이를 보이면 다음과 같다.

	남한말	북한말	중국조선말
computer	전산기, 컴퓨터	계산기, 콤퓨터	계산기(計算機)
calculator	계산기	수산기	계산기(計算器)

disk	저장판/자기원판
hardware	굳은모/장치기술
software	무른모/프로그람기술
font	글자체/동일문자무리
utility program	도움모/편의프로그람

1995년 제2차 ICCKL을 통해 남북한 및 중국의 학자들은 용어 단일화 작업의 원칙 몇 가지를 토론을 거쳐서 합의하였다.

(30) 남북 컴퓨터 용어 단일화 원칙

1. 대상 용어의 선정: ISO 2382를 기본으로 하면서 남과 북, 중국에서 더 보충하려고 하는 상용어도 포함시킨다.
2. 통일 기준: 현행 용어 가운데서 표기가 같은 것, 복수 용어 가운데서 어느 하나가 같을 경우 통일된 것으로 인정한다. (맞춤법 차이는 인정)
3. 통일 원칙:
   (1) 일치안은 ISO 2382의 정의를 기본으로 한다.
   (2) 고유어를 우선한다. 완전히 굳어진 한자 용어는 그대로 둔다.
   (3) 영어 어휘는 단위 표시 용어와 약어에만 적용하고, 국제적으로 널리 통용되면서 당장 다듬기 어려운 외래어는 당분간 그대로 사용하되, 반드시 우리말 대안이 있어야 한다.
4. 협의 절차: 1996년 6월까지 시안 완성하여, 1996년 제3차 ICCKL에서 토의 결정한다.

이를 바탕으로 하여 1996년 8월 11일부터 14일까지 중국 옌볜조선족자치주 옌지시에서 제3차 ICCKL이 열렸다. 남한의 박찬모, 진용옥, 황종선, 이균하, 북한의 허주(조선콤퓨터센터), 김정국, 중국의 박상일, 박창화, 김진용, 현용운 위원이 대표로 참여하였다. 단일안 합의 내용은 허주 위원이 정리하고 김병선, 박창화, 허주, 현용운 위원이 재검토하여 김병선, 허주, 박창화 위원이 서명하여 전체회의에서 받아들였다. 합의 사항으로 선언한 내용은 다음과 같다.

(31) 남북 컴퓨터 용어 단일화 합의 사항

1. ISO 2392를 기본으로 한 2천1백 개의 용어를 통일안 대상용어로 선정하였다.
2. 이 중에서 개념성 차이가 있는 10% 정도의 용어는 복수안으로 인정하도록 하였으며 나머지 90%의 용어는 단일안으로 확정하였다.
3. 합의된 용어는 『정보처리용어표준사전』이라는 이름으로 1997년 5월까지 공동으로 출판하여 보급한다.

한편 다음과 같이 표기에서 다소 차이 나는 것은 무시하고 서로 합의한 것으로 간주하였다.

(32) 표기 차이

a. 정서법 차이: 숫자－수자, 오류－오유, 연결－련결
b. 외래어 표기 차이: 프로그램－프로그람, 컴퓨터－콤퓨터, 페이지－페지
c. 관습 어법 차이: 닫힌－단긴, 은폐－은페

이러한 1996년 제3차 ICCKL 남북 컴퓨터 용어 단일안은 민간 차원의 학술 교류를 통한 결실로서, 양측 정부의 후원 아래 여러 해 동안의 학술 교류를 통해서 얻은 귀중한 열매라는 점에서 학술적인 의의나 상징적인

의미 크다고 평가할 수 있다. 물론 공적인 구속력을 갖지 않는 학술회의의 합의 사항이지만, 컴퓨터 분야에서 이루어진 최초의 합의로서 의의가 큰 것이다.

앞으로의 과제에 대하여 당시 참여하였던 진용옥 교수는 다음과 같이 말하고 있다. "이러한 작업은 1회성에 그쳐서는 안 되며, 이 작업은 남북 통일이 될 때까지 지속적으로 이루어져야 한다. 왜냐하면 용어라는 것은 유한체계가 아니라 무한체계이며, 통일 자체도 중요하지만 통일 이후의 문제를 대비하기 위하여 우리에게 주어진 남북 교류의 과제도 아직 끝나지 않았기 때문이다." 이제 남북 컴퓨터 용어 단일안 가운데 몇 예만 다음과 같이 제시해 두고자 한다.

(33) 남북 컴퓨터 용어 단일안

address	주소
alphabetic code set	자모부호화집합, 사모부호화보임
archiving	보존
backup	예비, 여벌
binary arithmetic operation	2진산술연산, 2진산수연산
binary operator	2항연산자
bite	바이트
block	블로그, 덩이/블로크, 덩이
character	글자
code	부호, 코드
computerization	전산화, 컴퓨터화/계산기화, 콤퓨터화
convert	변환하다
copy	복사하다
data	자료

digitize	숫자화하다/수자화하다
factor	인수
flag register	깃발등록기/기발등록기
hard error	고정오류/고정오유
information processing	정보처리
input data	넣기 자료, 입력 자료, 입구 자료
label	표지, 표식
left－justify	왼쪽맞추기
linear list	선형목록
logic function	논리함수, 론리함수
loop	고리
machine word	기계단어
mouse	다람쥐, 자리넣개, 마우스
output data	꺼내기 자료, 출력 자료, 출구 자료
packing	묶기, 조이기
radix point	소숫점/소수점
read path	읽기경로
scanning	훑기
search	찾기
software	소프트웨어, 기능체/소프트(웨어), 기능체
space	사이
string	열, 렬
sum	합
switching variable	전환변수, 절환변수
virtual storage	가상저장기

5. 체육 용어 단일화

그동안 남북한이 국제 경기에서 서로 만나기도 하고 함께 참여하기도 하였다. 그러는 사이 남북한의 체육 용어가 서로 다르다는 것을 알게 되었다. 그래서 남북한의 체육 용어를 단일화하기 위한 필요성이 제기되었다. 더욱이 남한과 북한, 그리고 중국의 조선족 동포들이 같은 언어로 만나고 같은 언어로 소통할 2008년 베이징 올림픽을 앞두고 체육 용어의 단일화를 이루어야 할 필요성이 더욱 커졌다. 이미 컴퓨터 분야의 일부 용어 단일화를 경험하였기 때문에 이러한 남북 체육 용어 단일화는 전문가들이 협력만 하면 이루어질 수 있는 것이라 생각하였다. 일상 언어와는 달리 전문용어에 대해서는 우리 민족들이 무난하게 받아들일 수 있는 용어의 통일안이 잘 마련되고, 이후 이를 공식 언어로서 채택하여 사용하는 일을 슬기롭게 진행해 나간다면, 다른 분야의 통일보다도 더욱 의미 있는 성과를 내는 남북통일 시메기 될 것이라 믿었다.

그래서 2007년 2월 7일부터 14일까지 중국 옌볜조선족자치주 옌지시에서 "남북 체육 용어 통일을 위한 국제학술회의"를 열었다. 옌지시 백산호텔, 옌볜대학 국제회의실 및 소회의실에서. 이 회의에 대한 결과는 다음 보고서에 정리되어 있다. 이제 이 보고서 내용을 중심으로 남북한 체육 용어 단일화를 위한 노력에 대해 살펴보기로 하자.

> 최기호 2007, 『남북 체육 용어 통일을 위한 국제학술회의 결과보고서』, 국립국어원·국어단체연합.

대부분의 체육 경기는 분단 이후 체육 활동이 본격적으로 활성화되어서 서로 다른 용어가 많이 생겼다. 따라서 각종 경기와 규칙, 기술, 기구 등의 단일화한 용어들이 필요하다는 것을 사업 목적으로 삼았는데, 중국에서 10명, 북한에서 7명, 남한에서 7명이 참여하였다.

> 남한: 최기호, 최용기, 이준석, 이대로, 김도균, 노호성, 이서행
> 북한: 심병호, 전태환, 민금성, 서철민, 조사금, 오창복, 량윤도
> 중국: 최윤갑, 류은종, 박수호, 방인권, 김영수, 김덕모 등

학술회의에서 발표한 논문은 다음과 같다.

> 최기호(상명대학교): 「종합 연구, 남북 체육 용어 통일을 위한 방안 연구」
> 심병호(북한, 국어사정위원회): 「발제 강연, 북과 남이 통일적인 체육 용어를 만드는 데서 나서는 몇 가지 문제」
> 오창복(북한, 체육대학 체육연구소): 「체육 용어를 통일하기 위한 원칙적 방도에 대하여」
> 송창수(중국, 옌벤대학)/류은종(중국, 위에시우대학): 「남북 체육 용어 사전 편찬 경위와 표준화」
> 이서행(한국학중앙연구원): 「남북 학술 용어 비교사전개발 현황」
> 김도균/노호성(경희대학교): 「2008베이징 올림픽을 위한 남북체육 용어 사전」

원래 이 회의는 2004년 국어정보학회의 다국어정보처리 국제학술회의에서 제기되어, 베이징 올림픽을 대비한 남북한 체육 용어 사전 편찬을 기획하는 데에서 시작되었다. 2005년 12월 중국 선양시에서 논문 발표 후 남한, 북한, 중국 조선족이 같이 체육 용어 통일을 위해 노력할 것을 다음과 합의하였다.

(34) 체육 용어 단일화 합의 사항(2005년)

1. 제1단계로 중국과 북한에서 수집한 자료를 바탕으로 체육 용어 통일 사업에 남, 북, 중국이 참여한다.
2. 체육 용어 표준화의 대상은 ISO 기준이 없는 올림픽의 체육 용어로 중국에서 내놓은 표준 체육 용어 자료를 기초로 하고 남북의 자료들에서 보충해야 할 부분을 다시 선정하여 올림말로 가려잡고 그것을 표준화의 대상으로 잡는다.
3. 남과 북이 체육 용어에 관한 새로운 자료들은 제때에 통보 제공하며 원고 작성은 중국의 류은종이 책임지고 정리한다.
4. 올림말은 우리말, 영어, 중국어, 일본어 순으로 하며 복수 올림말은 괄호 안에 밝혀 준다.
5. 용어 해석은 개념을 알 수 있는 정도로 간명하게 한다.

남북 체육 용어 통일을 위한 국제학술회의에서 논의한 사항은 다음과 같다. 체육 용어 단일화 방안과 이를 진행하기 위한 방법을 제시하였다.

(35) 체육 용어 단일화 방안(2005년)

1. 용어 통일은 남과 북의 통일된 의견에 따른다.
2. 우리말, 한자말, 외래어 등도 체육 용어로 삼는 것을 원칙으로 한다.
3. 중국의 우리말 표준은 따로 내세우지 않는다.
4. 체육 용어의 올림말은 ISO 기준이 없으므로 중국에서 내놓은 표준 용어 자료를 기초로 하고 남북 자료들에서 보충해야 할 부분을 다시 선정하여 올림말로 가려잡는다.
5. 남과 북은 체육 용어의 격차를 줄이어 우리 민족이 알기 쉽고 이해하기 쉽고 사용하기 쉬운 방향으로 용어 통일이 이루어지기를 바란다.

(36) 체육 용어 단일화 진행 방법(2005년)

1. 통일 대상 용어의 범위를 정한다. 경기 전문용어, 행사 진행 용어, 경기 중계 용어 등.
2. 용어 통일을 위한 기본 원칙을 정한다.
3. 원칙에 의해 용어 심의를 하여 통일 용어를 정한다.

한편 이 국제학술회의에서는 공동 연구로 30개 종목에 걸쳐 남북 체육 용어를 비교하여 제시하였으며, 남북 교과서에 나타난 체육 용어(축구, 농구, 사격) 가운데 같은 것과 다른 것의 사례를 제시하였다. 남북이 서로 다른 것은 대개는 어문규범의 차이에 의한 것과 말다듬기의 차이에 의한 것이었다.

먼저 어문규범의 다름에 따른 차이이다. 한자어에서는 '농구/롱구', '역기/력기', '육상/륙상'의 3개 용어이고, 외래어에서는 '골인/꼴인', '레슬링/레스링', '마라톤/마라손', '배드민턴/바드민톤', '소프트볼/쏘프트볼', '오프사이드/옾사이드', '카누/까노에', '타임아웃/타임아우트', '터치아웃/터치아우트', '하키/호케이', '홈런/홈란' 등 11개 용어가 발견된다.

다음으로는 쉽게 다듬은말의 결과에 따른 차이이다. 북한 체육 교과서에서는 남한의 외래어 용어 대신 고유어 용어를 쓰는 것이 37개 발견된다. 예를 들면 '네트인/그물맞고들어간공', '다이빙/물에뛰여들기', '드라이브/길게치기', '드리블링/공몰기', '런지/다리앞으로벌리기', '레인/고삐', '리바운드/튕겨나온공(핸드볼), 반발공(수구), 뛰여난화살(양궁)', '리바운드 볼/판공(농구), 튕긴공(배구)', '리시브/공받아치기', '리프트/그물앞공쳐올리기', '리프팅/머리들기', '릴리스/공놓치기', '매트/깔개', '브러시/빗기솔', '서비스/쳐넣기', '세이브/공살리기', '세이빙/뻗어쳐내기, 펀칭(축구), 공건지기(수구)', '센터링/넘겨차기', '스로잉/던지기', '스트라이크/바로치기', '스파이크/때리기', '위지킥/넓은물차기', '조깅/ 천천히달리기', '카약/

엇젓기배', '캐치/공잡기', '커트/깎아치기', '코너킥/구석차기', '클린치/붙잡기', '키킹/차기', '태클/공빼앗기', '트래핑/공멈추기', '페인팅/속임', '푸싱/밀기(축구, 농구)', '프레임/바퀴틀', '해킹/손치기반칙(농구, 핸드볼)' 등이다.

북한 체육 교과서에서는 남한의 외래어 용어 대신 한자어 용어를 쓰는 것이 24개 발견된다. 예시하면 '글러브/장갑', '듀스/결승전 동점', '레트/무효', '리베로/자유방어수', '바벨(barbell)/구간(球竿)', '바이얼레이션/위반(핸드볼, 농구, 체조 등)', '백코트/후위', '브레이크/제동기', '사이클(링)/자전거경기', '숏, 슈팅/차넣기(축구)', '스파링/자유대상훈련', '스페어/예비', '스핀/공회전', '슬라이드/활주', '컨트롤러/감독관(체조), 검사원(펜싱)', '테니스/(경식)정구', '토너먼트/승자전', '트라이애슬론/3종경기', '파울볼/경외공(境外_), 바깥공', '패스/련락', '펜싱/격검', '폴트/실수', '피니시/결승', '핸드볼/송구' 등이다.

한편, '외래어(남) ↔ 고유어 + 한사어(북)'의 유형에서는 17개 용어가 보이는데 '골키퍼/문-지기', '더킹/앉으면서피하기', '드리블/공몰기(축구, 농구, 핸드볼, 하키), 두번치기반칙(배드민턴)', '마우스피스/이보호틀', '마운드/발판', '발리킥/공중공차기', '버터플라이/나비영', '사이드라인/구역옆선', '스위퍼/비자루방어수(축구)', '스트레이트/직선공', '오프사이드/공격어김', '윈드서핑/돛배식 파도타기', '잽/련속치기', '차징/밀치기반칙(농구)', '크로스바/문가름대', '서핑/파도타기경기', '페달링/발판돌리기' 등이 이에 속하는 예들이다.

6. 어휘 단일화를 위한 연구 활동

전문용어란 특정한 분야에서 정확하게 규정된 과학적 개념과 학술적 내용을 담고 있는 특수 어휘라 할 수 있다. 전문용어는 일반용어와 구별되는 조어적, 의미적인 특성을 지닌다. 또한 전문용어는 간결성, 정확성, 다양성의 특징을 지닌다. 이러한 특성을 가진 전문용어는 한 분야의 학문을 연구하는 도구로서 그 기능을 수행한다(김광수 2004:12－).

'텍스트언어학'과 '본문언어학'은 어떠한 관계일까? 이는 Text linguistics에 대한 각각 남한과 북한의 학술용어이다. 남한 학계에서는 영어 그대로 '텍스트'를 사용하고 있고 북한 학계에서는 text를 '본문'이라는 한자어로 사용하고 있다. 한두 예를 더 들어 보자. '코퍼스언어학'과 '말뭉치언어학'이 있다. 이는 Corpus linguistics에 대한 각각 북한과 남한의 학술용어이다. 북한 학계에서는 corpus를 그대로 '코퍼스'라고 사용하고 있고, 남한 학계에서는 이를 '말뭉치'라는 고유어로 사용하고 있다. 또 '데이터베이스(DB)'와 '자료기지'가 있는데, 이는 Database에 대한 각각 남한과 북한의 학술용어이다. 이처럼 남북한 언어학계에서 사용하는 전문용어가 서로 다르다.

전문용어는 기원에 따라 다음과 같이 나뉜다. 음운론의 예를 들면 다음과 같다. '말소리'와 같은 것은 토박이말에 기원한 것이고, '음소'는 한자어에, '액센트'는 외국어에 각각 기원한 것이라 하겠다. 토박이말과 한자어, 또는 고유어와 외래어, 한자어와 외래어가 함께 쓰인 것도 있다.

남한과 북한 모두 분단된 이래 각 분야 학문이 급속도로 발전하였다. 학문 발전에 힘입어 당연히 각 분야의 전문용어도 다양하게 생성되었다. 그러나 서로 교류 없이, 그리고 서로 다른 언어관으로 인하여, 전문용어는 꽤 다른 모습으로 생성되었다. 그러나 통일 이전에는 남북한의 원활한 학술 교류를 위해서, 통일 이후에는 효과적인 학문 활동을 위해서, 이러한 전문용어 표준화는 필요한 과제라고 생각한다.

이제 이러한 전문용어 가운데, 교과서 용어와 무역 용어를 대상으로 남한에서 연구한 예를 살펴보기로 한다. 교과서 용어는 전문용어의 가장 전범이기 때문이고, 무역 용어는 남북교류 사업의 중심인 경제 협력의 핵심이기 때문이다.

1) 남북 교과서 어휘

남북한의 학술용어는, 체제와 이념의 차이, 학문 연구와 교육 풍토의 차이, 외부 세계와의 학술 교류의 차이 등으로 말미암아 많은 차이점이 나타나게 되었다.

국립국어원에서 기획하여 연구한 『남북 교과서 학술 용어 비교 연구』(2007)는 국사, 세계사, 수학, 물리, 화학, 생물, 천문학, 체육 등 8개 분야의 교과서에 나타난 남북의 용어들 비교한 연구 결과인데, 이에 이어진 연구 『남북 교과서 학술 용어 비교 연구 2』(2008)에서도 예상대로 상당한 이질화 경향이 목격되었다. 후자에서는 국어 문법, 문학, 기술, 미술, 음악, 지구과학, 국토 지리, 세계 지리, 한문 등 9개 분야의 교과서에 나타난 학술용어를 추출하고, 그 용어들을 형태론적으로 분류함과 동시에, 같거나 비슷한 의미의 남북 어휘들을 대조하였다. 이 연구에서 조사된 교과서 어휘에 대한 통계는 다음 (37)과 같다.

실제 예를 국사 교과서의 경우를 통해 살펴보기로 하자. 남한의 『국사』와 북한의 『조선력사』이다.

남한의 국사 교과서에서는 1,040개 용어, 북한의 교과서에서는 596개 용어가 대상이 되었다. 대응쌍이 있는 것 가운데에서 남북한의 용어가 같은 것은 168개 용어이고 차이가 있는 것은 109개 용어이다. 국사 교과서에서는 특히 북한에서 이데올로기가 강하게 반영되어 '갑오개혁/1894년

부르죠아개혁', '6·25전쟁 / 조국해방전쟁', '만적의 난/개경노비들의 투쟁', '임진왜란/임진조국전쟁', '통일신라/후기신라' 등으로 대응된다. 먼저 용어가 같은 예이다.

(37) 남북 교과서 어휘 대조 분석

분야	남한 용어의 수	북한 용어의 수	대응쌍의 개수	동어쌍의 수	이어쌍의 수	대응쌍 중 동어 비율 (%)	대응쌍 중 이어 비율 (%)
국어 문법	604	262	105	37	68	35.2	64.8
문학	462	229	41	31	10	75.6	24.4
한문	76	75	23	10	13	43.5	56.5
음악	1647	481	158	90	68	57.0	43.0
미술	493	257	49	30	19	61.2	38.8
국토 지리	1149	478	58	37	21	63.8	36.2
세계 지리	678	1104	155	91	64	58.7	41.3
지구과학	1914	580	258	137	121	53.1	46.9

(38) 남북한 국사 교과서의 같은 용어

1. 고유어(5)

   고무명, 설기떡, 수리취떡, 시루, 움집

2. 한자어(156)

   가야, 간석기, 갑신정변, 금당벽화, 금속활자, 금오신화, 단군신화, 당파싸움, 대도호부, 파한집, 팔만대장경, 평양천도 등

3. 외래어(1)

   카프

4. 고유어+한자(5)

   거북선 등

6. 한자어+외래어(1)

레닌주의

남북한 국사 교과서의 용어가 다른 것은 109개 용어로 집계된다.

(39) 남북한 국사 교과서의 서로 다른 용어

1. 고유어 ↔ 고유어(1)

   고인돌 ↔ 고인돌무덤

2. 한자어 ↔ 한자어(70)

   6·25전쟁 ↔ 조국해방전쟁, 고려청자 ↔ 고려비색자기, 광개토대왕릉비 ↔ 광대토왕릉비, 군장국가 ↔ 노예소유자국가, 임술농민봉기 ↔ 1862년(전국)농민폭동, 임오군란 ↔ 1885년(임오)군인폭동, 임오군인폭동, 임진왜란 ↔ 임진조국전쟁, 통일신라 ↔ 후기신라

3. 외래어 ↔ 외래어(3)

   러시아 ↔ 로씨야

4. 한자어 ↔ 고유어(2)

   토기 ↔ 질그릇, 삼국시대 ↔ 세나라시기, 왕오천축국전 ↔ 다섯개의 천축국에 갔다온 이야기, 위화도회군 ↔ 위화도군사돌림, 한산도대첩 ↔ 한산도큰승리

남북이 서로 다른 것은 대개는 어문규범의 차이에 의한 것과 말다듬기의 차이에 의한 것이었다. 먼저 어문규범의 다름에 따른 차이이다. 두음법칙의 적용 여부에 따른 것 11개 용어, 외래어 표기의 차이에 따른 것 12개 용어 등이다. 어문규범 차이의 중요한 예를 보이면 다음과 같다.

한자어에서는 '고령가야/고녕가야', '나당연합군/라당련합군', '상경용천부/상경룡천부', '상정고금예문/상정고금례문', '양반/량반', '양반전/량

반전', '여진/려진', '여진인/려진인', '여진족/려진족', '역사유적/력사유적', '용비어천가/룡비어천가', '유배지/류배지', '이두/리두' 등으로 대응된다. 인명에서 두음법칙 적용 여부로 차이가 나는 것이 많았지만 원칙적으로 인명은 여기에서 배제하였다.

외래어에서는 '러시아/로씨야', '차르러시아/짜르로씨야', '우즈베키스탄/우즈베끼스딴'으로 대응되고 '외래어+한자어(남) ↔ 한자어(북)' 유형에서는 '러·일전쟁/로일전쟁', '메이지유신/명치유신', '운요호/운양호', '운요호사건/운양호사건' 등으로 대응되며 '외래어+한자어(남) ↔ 외래어+한자어(북)' 유형에서는 '헤이그특사사건/헤그밀사사건', '미쓰야협정/미쯔야협정', '야마토조정/야마또왕정' 등으로 대응된다.

다음은 말다듬기의 차이이다. 남한에서 한자어 용어를 쓰는 사례에 대응해 북한에서는 고유어 용어를 쓰는 사례가 있다. '한자어(남) ↔ 고유어(북)' 유형에서 '토기/질그릇', '송하보월도/달밤에 소나무밑을 거닐며' 등 2개 용어이다. 그리고 '한자어(남) ↔ 고유어+한자어(북)'에서 '강서고분/강서 세무덤', '노량해전/노량바다싸움', '명량해전/명량바다싸움', '목판인쇄/나무판인쇄', '몽유도원도/꿈에 본 동산', '보부상/보짐장사군', '살수대첩/살수싸움', '삼국 시대/세나라시기', '석등/돌등', '세형동검(細型銅劍)/좁은놋단검', '안시성전투/안시성싸움', '왕오천축국전/왕오천축국전(다섯개의 천축국에 갔다온 이야기)', '위화도회군/위화도군사돌림', '장군총/장군무덤', '자격루/자동물시계' 등 15개 용어이고, '외래어+한자어(남) ↔ 한자어(북)' 유형에서 '러·일전쟁/로일전쟁', '메이지유신/명치유신', '운요호/운양호', '운요호 사건/운양호사건' 등 4개 용어이다.

남한에서 한자어 용어를 쓰는 사례에 대응하여 북한에서는 상대적으로 조금 더 쉬운 한자어 용어를 쓰는 사례가 있다. 북한에서는 '대첩(大捷)'을 '대첩'이라고 하기도 하지만 '대승리'라고 하기도 한다. '귀주대첩/구주대첩, 구주대승리', '한산도 대첩/한산대첩, 한산대승리' 등의 2개 예가 보인다. 북한에서 '한자어' 용어를 쓰는 사례에 대응하여 남한에서는 '고유어+한자어'의 합성 용어로 쓰는 사례가 있다. '고유어+한자어(남한) ↔ 한자어(북한)' 유형에서 '뗀석기/타제석기', '간석기/마제석기' 등의 예가 보인다.

2) 남북 무역 어휘

남북 경제협력이 확대됨에 따라 남북한 간에 무역 어휘의 통일은 시급히 해결해야 할 과제로 제기되고 있다. 과거 남북교역에서 용어상의 불일치로 인한 의사소통의 어려움이 많았고 교역과 투자에서 용어 차이로 인한 분쟁의 문제가 발생할 가능성이 높았다. 따라서 남북 경제협력의 지속적이고 급속한 성장을 이루어 내기 위한 여러 가지 전제조건 중에서 가장 시급히 해결해야 할 과제 중의 하나가 남북한의 어휘 통일이라 하겠다. 이러한 취지에서 아래 연구는 북한의 대외경제 관련 법률 용어를 조사하여 남북한 무역 어휘를 비교하였다.[19]

조명철 2008, 『남북한 무역용어 비교연구』, 대외경제정책연구원.

남북한 대외경제 관련 용어의 차이는 크게 두 가지로 보았다. 하나는

---

19 주요 분석 대상 법률은 다음과 같다.
- 무역 관련 법률 용어의 대상이 된 북한의 관련법: 무역법, 가공무역법, 세관법, 원산지명법
- 북한의 투자 용어 관련 분석 법률: 외국인투자법, 합영법, 합영법 시행규정, 합작법, 합작법 시행규정, 외국인기업법, 외국인기업법 시행규정
- 대외경제 관련 법률: 외화관리법, 외화관리법 시행규정, 대외경제계약법, 대외경제중재법, 대외민사관계법, 저작권법
- 남북경협 관련 법률: 북남경제협력법과 4대 경협 합의서(투자보장, 이중과세방지, 상사분쟁 해결절차, 창산결제)

남북한이 서로 다른 어휘를 사용함에 따라 의미 전달과 무역사업 진행에 차질을 빚게 되는 경우이고, 다른 하나는 남북한이 동일한 어휘를 사용하고 있지만, 경제체제나 제도상의 차이로 인해 의미가 서로 다른 경우이다.

먼저 남북한이 서로 다른 어휘를 사용하는 경우이다. 가장 대표적인 예를 들면, 북한의 '협의'는 남한의 '합의'를 의미한다. 즉, 북한의 '협의'는 상사분쟁에 대해 당사자를 포함하여 관련기관들이 함께 논의하여 합의에 도달하는 것으로, 사실상 남한의 '합의'와 거의 동일한 의미로 사용되는데 비해, 남한에서 협의는 양측의 이견이 존재하고 이를 해소하기 위한 과정으로 합의와는 차이가 있다. 합의서 작성 및 해석에 있어 협의를 북한은 사실상 합의로 이해할 수 있다는 점에서 사용에 특별한 주의가 필요하다.

북한의 '외화준비'는 남한의 '외환보유고'를 의미한다. '외화준비'는 국가나 중앙은행이 다른 나라에 대한 외화지불을 위해 준비하는 외화나 금으로 남한의 '외환보유고'를 말하는 것으로 개별기업 차원에서 필요한 외환을 준비한다는 것이 아니다. 북한의 '은행거래 협정'은 남한의 '환거래계약'(코레스 계약)을 의미하며, 북한의 '공업소유권'은 지적 재산권의 일종인 '산업재산권'을 의미하며, 북한에서 '봉사'는 '서비스'나 '용역'을 의미하는 것으로 남한의 경우 봉사는 국가나 사회 또는 남을 위하여 자신을 희생한다는 의미로, 비경제적인 용어이다.

다음으로는 동일한 어휘인데 의미가 서로 다른 경우이다. 예를 들면, 북한의 '국내 기준가격'이라는 것은 계획경제 아래서 국가가 대외무역 거래에 기준이 되는 가격을 정해서 제시한 것을 의미하나, 남한의 국내가격처럼 시장의 수급상황에 따라 변동되는 시장가격이 아니라, 국가가 정해서 내린 기준가격이다. 남북한 모두 '무역가격'이라는 용어를 사용하지만, 남한의 경우 국제 및 국내 시장상황에 따라 변동하는 가격을 의미하는 반면, 북한에서는 국제 시장상황을 반영하여 국가가 계획적으로 정한 무역가격을 의미한다.

또한 남북한 모두 '교역조건'을 사용하고 있지만, 그 의미에서 다소 차이가 있다. 북한에서 '교역조건'은 수출품과 수입품의 가격변동으로 각국이 무역에서 보게 되는 손익관계를 나타내는 것으로 이해하고 있으나, 남한에서는 한 나라의 상품과 다른 나라의 상품(또는 재화)의 교환비율을 나타내는 것으로 이해하고 있다.

좀 더 구체적으로 남북한 무역 어휘를 비교해 보기로 한다. 북한의 '방조'는 남한의 '협력'을 의미한다. 남한에서 방조는 부정적인 의미인 반면에 북한의 방조는 긍정적인 의미로 사용된다. 북한의 '중개'는 남한의 '알선'을 의미하기도 한다. 남한에서는 중개와 알선의 개념은 구별해서 사용되고 있다. 북한의 '무관세(특권)'는 남한의 '관세양허'를 의미한다. 몇 예를 더 들면 다음과 같다.

(40) 남북한의 서로 다른 무역 어휘

북한	남한
수형	어음, 서명
행표	수표
려행행표	여행자수표
류동고	계좌
날인세	각인세 인지세함
배짐증권	선하증권
맞바꿈무역	구상무역
맞수입	대응구매
돈자리	계좌
비무역거래	무역외거래
현금환자시세	환율
규약	정관

거래수익금거래세	부가가치세
공업도안권	디자인권

제5장

맺음말

어휘 단일화를 위한 앞으로의 바람직한 방향

이 연구는 그동안 남북한이 어휘 단일화를 위해 노력한 활동을 살펴보아 그 노력의 성과와 한계를 분석하여 앞으로 전개될 어휘 단일화의 과제와 방향을 제시하는 것을 목표로 하였다. 남북한은 분단 이후 상당수 어휘가 달라졌다. 그래서 어휘 단일화는 남북교류와 남북통일을 앞두고 남북한 언어 문제에서 가장 절실한 과제이다. 이제 위에서 논의한 남북한의 노력에 대한 성과와 문제점을 정리하고, 이를 바탕으로 앞으로의 어휘 단일화 방향을 제시해 보기로 한다.

이 연구에서는 먼저 남북의 언어 차이를 음운, 문법, 어휘, 화법 그리고 어문규범의 측면에서 살펴보고, 그 가운데 어휘 차이의 유형을 분석하였다. 남한말을 기준으로 보았을 때, 어휘 차이의 유형을 남한에서는 표준어가 아닌 북한의 방언을 문화어로 삼은 경우, 남한에서도 쓰고 있으나 북한에서 남한과 다른 의미로 쓰는 경우, 남북 분단 이후에 북한에서 새로 다듬은말과 외래어의 경우로 나누어 살펴보았다. 북한말을 기준으로 본다면, 남한말에는 광복 이후 수많은 외래어가 쓰이고 있어서 남북 언어의 어휘가 차이 나는 원인이 될 것이다.

다음으로는 남북한에서 이루어진 우리말 어휘 다듬기 활동에 대하여 살펴보았다. 우리말 어휘 다듬기 활동을 주로 정부기관이 중심이 되어 적극적으로 추진한 북한과는 달리 남한에서는 정부기관뿐만 아니라 민간단체에서 전개하여 왔다. 즉, 어휘 다듬기 활동은 민간단체인 한글학회가 주로 수행해 오다가, 정부에 문화부가 신설되고 거기에 국립국어연구원이 설치되면서 그 활동을 이어받았다. 또한 남한은 느슨하게 어휘 다듬기 활동을 전개한 것에 비해 북한은 정부기관의 강력한 의지로 어휘 다듬기 활동을 전개하였다. 물론 남한은 민간단체에서 시작한 일이기 때문에 다듬은말을 보급하는 데에는 근본적으로 한계가 있었지만, 북한은 처음부터 정부기관에서 추진하였기 때문에 보급하는 데에 훨씬 더 적극적이었다.

그 다음으로는 그간 남한과 북한이 함께 노력한 어휘 단일화 사업의 성과를 논의하였다. 남한의 국립국어원과 북한의 사회과학원 언어학연구소 사이에 여러 차례 학술회의가 열렸는데 이 자리에는 주로 어휘, 어휘 단일화에 관한 논의가 이루어졌다. 그리고 『겨레말큰사전』 편찬 사업은 남북한 언어학자들이 여러 차례 직접 만나 논의한 어휘 단일화의 대표적인 성과이다. 아직 마무리되지는 않았지만, 남북한 언어학 교류, 좁게는 어휘 단일화 교류의 큰 성과라 평가할 수 있겠다. 그리고 컴퓨터 정보 처리 분야의 남북한 사이의 어휘 단일화 시도, 체육 용어에 대한 남북한 사이의 어휘 단일화 시도에 대해서도 살펴보았다. 이상과 같은 어휘 단일화 노력의 구체적인 성과와 그리고 제기된 문제점을 들면 다음과 같다.

(1) 남한의 민간단체로서 한글학회의 우리말 다듬기 활동에 대해서

정부기관에 앞서 일본말 잔재, 어려운 한자어, 넘쳐나는 외래어로부터 우리말 어휘를 쉽게, 정확하게 다듬기 위해 오랫동안 노력한 한글학회의 업적은 높이 평가할 만하다. 한글학회의 이러한 노력과 활동이 없었다면,

짧은 기간 안에 일본어 잔재를 몰아내기 어려웠을 것이고, 무수히 몰려오는 외래어의 홍수를 막아 내지 못하였을 것이다. 우리말의 고유성을 지키기도 어려웠을 것이고 남북 언어의 달라짐도 더욱 깊어졌을 것이다. 이러한 성과에는 민간단체로서의 아쉬움이 따를 수밖에 없다. 강력한 추진력의 부족으로 다듬은말을 보급, 전파하는 데에 어려움이 있었다. 그리고 일부 다듬은말은 지나치게 생소하여 일반 대중들이 수용하기 어려웠다. 다듬은말은 본래의 말보다 쉽고, 간결하면서 의미가 정확하게 바로 파악되어야 하기 때문이다.

(2) 남한의 국어정책기관으로서 국립국어원의 우리말 다듬기 활동에 대해서

국립국어원이 민간 중심의 우리말 다듬기 활동을 체계적으로 이어받아 수행한 것은 그 의의가 크다. 특히 최근에 이르러서는 전문가에게만 의존하지 않고 일반 대중들의 의견을 받아들여 다듬을 대상어를 정하고 또한 다듬은말을 결정하는 것은 언어정책기관과 언어 사용자가 함께 어휘 문제를 풀어가는 사례로서 높이 평가할 만하다. 그러나 역시 일부 다듬은말이 지나치게 생소하여 일반 대중들이 수용하기 어려웠다는 것은 한계점이다. 다듬은말이 쉽고, 간결하고, 의미가 정확하게 바로 파악되지 않는다면 언어 사용자들로부터 외면당하는 것이다.

(3) 북한의 국어정책기관으로서 국어사정위원회와 사회과학원 언어학연구소의 말다듬기 활동에 대해서

고유한 토박이말을 지키려는 의지와 의사소통의 편리를 위하여 계획에 따라 어휘 정리를 수행한 것이 가장 큰 특징이라 하겠다. 어휘 정리의 목표야 남북이 다를 바 없지만, 수행 과정에서 있어서 남한이 느슨한 편이었다면, 북한은 매우 계획적이고 체계적이었다. 김일성의 교시를 바탕으로 이론을 세우고, 그 이론 체계에 따라 문화어를 정립하고 이에 맞추어 어휘를 다듬었다. 또 하나의 특징은 지상 토론 등을 통하여 언어 사용자와 교감을 이루었다는 점이다. 그러나 지나치게 계획적인 사업에는 문제점이 없을 수 없다. 그것은 바로 5만여 어휘를 다듬은 가운데 1986년에 그 절반을 폐기한 데서 알 수 있다. 다듬은말이 지나치게 생소하여 일반 대중들이 수용하기 어려웠기 때문이다. 언어의 인위적인 개혁이 성공할 수도 있지만, 당연히 어려움도 따른다는 것을 여기에서 확인할 수 있다.

(4) 남한의 국립국어원과 북한의 사회과학원 언어학연구소 사이의 학술회의

두 기관 사이에 열린 일곱 차례의 학술회의를 통해서 보면, 남북한 언어학자가 직접 교류하여 남북 언어에 대해 서로 이해를 높이면서 남북 언어의 통합에 관한 연구와 정책을 추진하는, 남북 언어 동질성 회복을 위한 주제가 중심이 되었다. 구체적으로는 어휘 통일에 관한 방안을 비롯하여, 언어 자료의 교류와 남북 공동의 말뭉치/코퍼스 구축에 관한 방안, 민족어 보존과 남북 공동의 지역어 조사 방안 등이 논의되었다. 현실적으로 협력이 가능한 주제가 중심이 되었음을 볼 수 있다. 그러나 새로운 주제를 발굴하기가 어려웠던 점, 또한 어휘 단일화를 위한 실천적인 결정을 내리지 못하였던 점, 그리고 더 이상 지속되지 못하고 2008년 이후 중단된 점은 아쉬운 일이다.

(5) 『겨레말큰사전』 편찬 사업

『겨레말큰사전』은 남한과 북한이 공동으로 추진하여 남북의 언어 차이를 극복하려는 최초의 우리말 사전으로, 분단 이후 남북에서 달라진 어휘를 적극 반영하는 사전이다. 수집한 어휘 자료 가운데 남북이 공통으로 쓰는 말은 우선적으로 올리고, 차이 나는 것은 남북이 합의하여 단일화하여 약 30만 개의 올림말을 실을 대사전으로 남북 어휘를 단일화하려는 대표적인 성과로 평가된다.

『겨레말큰사전』는 어휘 단일화를 위해 남한의 『표준국어대사전』과 북한의 『조선말대사전』의 올림말의 공통점과 차이점, 문제점을 찾아, 『겨레말큰사전』에 올릴 수 있는 것과 올릴 수 없는 것, 토의하여 해결할 것들을 가려냈다. 다음으로 두 사전에서 차이가 나는 것 중에서 쉽게 단일화할 수 있는 것과 토의를 더 해야 할 어휘를 가려내며, 『겨레말큰사전』에 올리지 않을 어휘를 확정하였다. 체제나 이념과 관련한 어휘, 현재 쓰임이 거의 없는 한자어, 현재 쓰임이 거의 없는 전문용어 그리고 일부 외래어, 고유명사, 동식물 이름 등은 이렇게 하여 제외하였다.

『겨레말큰사전』에서는 외래어도 단일화하였다. 남북한이 서로 같은 것은 그대로 인정하고, 남북한이 서로 차이가 있는 것은 네 가지로 나누어 단일안을 마련하였다. 즉, 남한 외래어로 단일화한 것, 북한 외래어로 단일화한 것, 그리고 제3의 안으로 단일화한 것이다. 둘 다를 인정하여 복수로 둔 것도 있다.

(6) 컴퓨터 용어와 체육 용어 단일화 노력

근본적으로 컴퓨터는 외국에서 들어온 것이기 때문에 그와 관련된 용어는 대부분 영어로 되어 있어, 영어를 모를 경우 쉽게 활용할 수 없다. 또한 영어를 그대로 사용하는 것은 우리의 전통문화를 계승 발전하는 데에 큰 장애 요소가 된다. 이들 컴퓨터 관련 용어를 국어로 다듬지 않으면 현실 생활과 전통문화 계승 모두에 큰 문제가 있다는 생각을 남북한 모두 공감하였다. 이러한 상황에서 1990년대에 남북한 컴퓨터 용어 단일화를 위한 노력이 활발하게 전개된 바 있다.

그동안 남북한이 국제 경기에서 서로 만나기도 하고 함께 참여하기도 하였다. 그러는 사이 남북한의 체육 용어가 서로 다르다는 것을 확인하고 남북한의 체육 용어를 단일화하기 위한 필요성이 제기되었다. 더욱이 남한과 북한, 그리고 중국의 조선족이 같은 언어로 소통할 2008년 베이징 올림픽을 앞두고 체육 용어 단일화를 이루어야 할 필요성이 더욱 커졌다. 이러한 상황에서 2007년 남북한 체육 용어를 단일화하기 위한 노력이 전개되었다.

(7) 전문용어 단일화를 위한 연구

남한과 북한 모두 분단된 이래 각 분야 학문이 급속도로 발전하였다. 학문 발전에 힘입어 당연히 각 분야의 전문용어도 다양하게 생성되었다. 그러나 서로 교류 없이, 그리고 서로 다른 언어관으로 인하여, 전문용어는 꽤 다른 모습으로 생성되었다. 이러한 전문용어 가운데, 교과서 용어와 무역 용어를 대상으로 남한에서 단일화를 위한 연구가 진행된 바 있다. 교과서 용어는 전문용어의 가장 전범이기 때문이고, 무역 용어는 남북교류 사업의 가장 중심인 경제협력에 중요하기 때문이었다.

위에서 살펴본 어휘 단일화를 위한 남북한의 노력에 대한 성과와 문제점을 바탕으로 이제 앞으로 전개될 남북 어휘 단일화의 방향을 다음과 같이 제시하기로 한다. 이를 위해 가장 중요한 것은 현실성이 있어 실천 가능한 어휘 단일화 방안을 제시하는 일과 그리고 이를 실천할 수 있는 남북한 사이의 공통된 인식이다.

① 남북 어휘 단일화를 적극 추진하기 위해서는 지금까지 이루어진 성과와 조직을 최대한 활용하는 것이 가장 좋은 방안이라고 생각한다. 그간 남북한의 국어정책기관인 국립국어원과 사회과학원 언어학연구소가 학술회의를 통해 교류하면서 주로 어휘 문제에 대해 학술 토론을 이어 왔으며, 『겨레말큰사전』 편찬위원회가 실제로 남북 어휘 단일화를 실천해 왔기 때문이다. 따라서 이러한 기존의 기관들로 하여 협의기구를 조직하여, 이론적인 측면은 학술회의의 토론을 거쳐 보완하고, 실질적인 단일화 작업은

『겨레말큰사전』 편찬위원회가 추진하도록 한다. 그리고 민간단체 또는 개인들로 어휘 단일화 검증단을 구성하여 단일화한 어휘가 일상 언어생활에 적합한지를 검증하도록 한다. 이렇게 하면, 남북한의 언어정책가, 어휘 전문가, 언어 사용자가 두루 참여하여 지속적으로 노력하여 남북 어휘 단일화를 성공적으로 이룰 수 있을 것이다.

② 어휘 단일화의 실질적인 방안은 『겨레말큰사전』의 올림말 선정 기준을 따를 수 있을 것이다. 즉, 남북의 대표적인 사전을 바탕으로 공통적인 것은 그대로 단일화한 어휘로 삼고, 형태나 의미에서 차이 나는 것은 1) 남한의 어휘로 단일화하거나, 2) 북한의 어휘로 단일화하거나, 3) 제3의 새로운 어휘를 제시하거나, 4) 남한과 북한의 어휘를 공동으로 쓰는 복수 어휘로 단일화하는 것이다.

③ 남북한이 서로 다른 어휘에 대해 단일화를 하기 위하여 몇몇 원칙을 정하여 남한의 어휘든, 북한의 어휘든, 제3의 어휘든, 결정할 수 있을 것이다. 남북 언어 순화를 위한 원칙에 대해서는 구본관 이혜영(2002), 박창원(2003)에서도 제시한 바 있는데, 무엇보다도 새로운 어휘가 일상 언어생활에서 자연스럽게 사용되려면 형태가 간결해야 한다. 남한에서 북한 어휘를 받아들였을 때나 북한이 남한 어휘를 받아들였을 때, 기존의 어휘에 비해 간결성이 떨어진다면 대중성을 확보할 수 없다. 그뿐만 아니라 의미 영역이 정확하면서 동질성이 보장되어야 한다. 그리고 생소하거나 어색하지 않고 친숙하게 받아들일 수 있어야 한다.

④ 남북 어휘 단일화는 연구 단계에 멈춰서는 안 된다. 관련 협의기구에서 단일화한 어휘는 언어 사용자들로 구성한 검증단의 검증을 거쳐 확정한 후, 실제 남한과 북한에서 함께 사용하도록 적극 노력하여야 할 것이다. 어느 한 쪽이라도 사용하지 않는다면 아무런 의미가 없다. 그러기 위해서는 교육과 언론의 역할이 중요하다. 학교에서는 단일화한 어휘를 적극 교육하고, 언론은 이를 널리 보급해야 할 것이다. 또한 한국어의 동질

성을 유지하기 위해서는 한국어를 사용하는 국외에도 보급해야 할 것이다. 외국어로서 한국어를 학습하는 외국인에게는 물론이고 제2언어로서 한국어를 사용하는 국외 교포들에게도 보급해야 할 것이다. 예를 들어 중국 조선족의 『조선말규범집』에도 적극적으로 반영하도록 권장해야 할 것이다.

⑤ 마지막으로 가장 중요한 것은 모든 언어 사용자들이 남북 어휘 단일화에 대해 관심을 가지고 그 필요성을 깊이 인식하는 일이다. 남북 어휘 단일화의 필요성을 인식해야만 관련 기관에서 힘을 받아 더 적극적으로 추진할 수 있다. 또한 제시된 단일안에 대해 그 가치를 인정하고 실제 사용하도록 노력해야 할 것이다. 일반 언어생활에서 사용되지 않는다면 종이에 적힌 기록물에 지나지 않을 것이다. 북한의 한때 다듬은말인 '얼음보숭이'처럼 묻혀 버리지 않기 위해서는 남북한의 모든 언어 사용자들이 힘 모아 노력해야 할 것이다.

이러한 모든 일은 어휘 가운데서도 전문용어부터 시작할 수 있을 것이다. 또한 이러한 남북 어휘 단일화는 어느 날 우리 앞에 나타날 국토, 정치, 경제 통일의 날에 바로 활용할 수 있는 어휘규범을 미리 준비해 두는 것으로, 값으로 따지기 어려운 언어학적인 의의가 있다고 확신한다.

참고문헌

강신항 2002, 「일본어 투 순화 실태와 문제점」, 『남북 언어 동질성 회복을 위한 제1차 남북 국제 학술 회의 논문집』, pp.65-82, 국립국어연구원.

고영근 1988, 「남북한 언어·문자의 이질화와 그 극복 방안 (1)」, 『주시경학보』 2, pp.47-84, 탑출판사.

고영근 1989, 「남북한 언어·문자의 이질화와 그 극복 방안 (2)」, 『주시경학보』 3, pp.40-75, 탑출판사.

곽충구 2001, 「남북한 언어 이질화와 그에 관련된 몇 문제」, 『새국어생활』 11-1, pp.5-27, 국립국어연구원.

관정이종환교육재단 편 2007, 『남북 통일말사전』, 두산동아.

구본관·이해영 2002, 『남북한어의 공동 순화 방안 연구』, 문화관광부.

국어연구소 1989, 『남북한 언어 차이 조사 1 — 발음·맞춤법 편』, 국어연구소.

국어연구소 1989, 『남북한 언어 차이 조사 2 — 고유어 편』, 국어연구소.

국어연구소 1990, 『남북한 언어 차이 조사 3 — 한자어·외래어 편』, 국어연구소.

권성아 2007, 「남북 교과서를 통해 본 전문용어의 공통점과 차이점 — 국사 교육을 중심으로」, 『새국어생활』 17-1, pp.53-67, 국립국어원.

권재일 1991, 「남북 언어 비교 (상)(하)」, 『계명대신문』 695, 696, 계명대학교신문사.

권재일 2006, 『남북 언어의 문법 표준화』, 서울대학교출판문화원.

권재일 2007, 「남북한의 언어학 전문용어 표준화 방안 연구 — 분류 체계 수립을 위하여」, 『한글』 274, pp.231-266, 한글학회.

권재일 2012, 『북한의 『조선어학전서』 연구』, 서울대학교출판문화원.

김광수 2004, 『남북한 전문용어 비교연구』, 도서출판 역락.

김민수 1995, 「남북한 언어의 차이 (1)」, 『새국어생활』 5-2, pp.208-217, 국립국어연구원.

김민수 1995, 「남북한 언어의 차이 (2)」, 『새국어생활』 5-3, pp.172-183, 국립국어연구원.

김민수 1995, 「남북한 언어의 차이 (3)」, 『새국어생활』 5-4, pp.163-174, 국립국어연구원.

김민수 1996, 「남북한 언어의 차이 (4)」, 『새국어생활』 6-1, pp.193-202, 국립국어연구원.

김백련 2005, 『조선어단어론』, 북한: 사회과학출판사.

김문오 · 전수태 2007, 『남북 교과서 학술 용어 비교 연구』, 국립국어원.

김선철 · 김건희 2008, 『남북 교과서 학술 용어 비교 연구 2』, 국립국어원.

김선철 2009, 「국립국어원의 북한어 연구 현황에 대하여」, 『2009년 남북 언어 학술대회 논문집』, pp.15-23, 국립국어원.

김영수 2009, 「남북 언어 규범의 차이와 중국 조선어 규범 문제」, 『2009년 남북 언어 학술대회 논문집』, pp.189-197, 국립국어원.

김진우 1993, 「남북언어 분화의 저층적 요인」, 『이중언어학』 10, pp.159-156, 이중언어학회.

김창섭 1991, 「북한의 '말다듬기' 이론과 '다듬은말'」, 『주시경학보』 7, pp.3-27, 주시경연구소.

남기심 2002, 「남북 언어의 이질화와 그 극복 방안」, 『남북 언어 동질성 회복을 위한 제1차 남북 국제 학술 회의 논문집』, pp.7-12, 국립국어연구원.

리기원 2005, 『조선말사전편찬론연구』, 북한: 사회과학출판사.

문금현 2007, 「새터민의 어휘 및 화용 표현 교육 방안」, 『새국어교육』 76, pp.141-172, 한국국어교육학회.

문영호 2002, 「언어의 민족성을 구현하는 것은 우리 말의 통일적발전을 이룩하기 위한 기본방도」, 『남북 언어 동질성 회복을 위한 제1차 남북 국제 학술 회의 논문집』, pp.14-22, 국립국어연구원.

민현식 2010, 「남북 및 재외동포 언어의 현재와 미래 — '표준 한국어'의 수립을 위하여」, 『남북 언어 통합과 재일동포 언어 국제학술대회 논문집』, pp.1-44, 국립국어원.

박갑수 1999, 「남북한의 언어 차이와 그 통일 정책」, 『선청어문』 27, pp.413-436, 서울대학교 사범대학 국어교육과.

박상훈 2005a, 『조선어어휘정리론』, 북한: 사회과학출판사.

박상훈 2005b, 「어휘정리와 민족어 어휘구성의 변화발전」, 『남북 언어 동질성 회복을 위한 제5차 남북 국제 학술회의 논문집』, pp.30-46, 국립국어원.

박은배 2006, 「남·북한 말다듬기 비교 연구」, 한국교원대학교 대학원 석사학위논문.
박창원 2003, 『남북의 언어와 한국어 교육』, 태학사.
소강춘 2003, 「국어 관련 분야의 남북 교류 현황과 교류·협력 방안」, 『국제고려학회 서울지회 논문집』 4, pp.23－68, 국제고려학회 서울지회.
신명순·권순희·강보선·양수경·정성훈·정호성·남건우 2012, 『새터민을 위한 한국어 어휘 교육』, 도서출판 박이정.
양수경·권순희 2008, 「새터민 면담을 통한 남북한 화법 차이 고찰」, 『국어교육학연구』 28, pp.459－483, 국어교육학회.
양수경 2013, 「북한이탈주민의 언어 적응 실태에 관한 연구」, 서울대학교 대학원 박사학위논문.
이승재 2002, 『남북 언어 순화 자료집 1 — 남과 북이 서로 같게 순화한 용어를 중심으로』, 국립국어연구원.
이승재 2003, 『남북 언어 순화 자료 협의를 위한 기초 연구』, 국립국어연구원.
장지영 1946, 「나랏 말을 깨끗이 하자 (1)」, 『한글』 98, pp.22－27, 한글학회.
장지영 1947, 「나랏 말을 깨끗이 하자 (2)」, 『한글』 100, pp.49－56, 한글학회.
전수태 2008, 『세계화 시대의 남북언어』, 대한교육문화신문출판부.
전수태·최호철 1989, 『남북한 언어 비교 — 분단시대의 민족어 통일을 위하여』, 녹진.
조명철 2008, 『남북한 무역용어 비교연구』, 대외경제정책연구원.
조남호 2009, 「북한 언어 자료의 구축」, 『2009년 남북 언어 학술대회 논문집』, pp.3－14, 국립국어원.
조오현·김용경·박동근 2002, 『남북한 언어의 이해』, 도서출판 역락.
조재수 2000, 「남북한 표준말의 차이와 공동 표준말 가꾸기」, 『교육한글』 13, pp.55－89, 한글학회.
중국조선어사정위원회 편찬 2007, 『조선말규범집』, 연변인민출판사.
최경봉 2008, 「남북 어휘 비교 연구의 문제점과 비교 어휘집의 편찬 방향」, 『한국어학』 39, pp.331－363, 한국어학회.
최기호 2007, 『남북 체육 용어 통일을 위한 국제학술회의 결과보고서』, 국립국어원·국어단체연합.
최완호 2005, 『조선어어휘론』, 북한: 사회과학출판사.
최용기 2001, 『남북한 국어 정책 변천사 연구』, 단국대학교 대학원 박사학위논문.

최정후 · 김성근 2005, 『조선어규범변천사』, 북한: 사회과학출판사.
최호철, 1999, 「남북한 언어의 통일을 위한 과제 — 국어 정책 부문」, 『국제고려학회 서울지회 논문집』 1, pp.36 – 95, 국제고려학회 서울지회.
한글학회 2008, 『한글학회 100년사』, 한글학회.
한용운 2007, 「남북 규범어의 통합방안」, 『한국사상과 문화』 40, pp.301 – 322, 한국사상과문화학회.
허철구 1993, 「남북한 국어순화의 비교」, 『말과 글』 54, pp.22 – 27, 한국교열기자회.
홍사만 1985, 「남북한 언어이질화의 실태분석과 그 통일방안」, 『인문과학연구소 논문집』 1, pp.89 – 108, 경북대학교 인문과학연구소.
홍아영 1998, 「남북 언어의 어휘 운용 차이」, 『한말연구』 4, pp.439 – 459, 한말연구학회.
홍윤표 · 진용옥 1996, 『컴퓨터 처리분야 남북한 언어동질화 방안 연구』, 사단법인 국어정보학회 · 문화체육부.
홍종선 · 최호철 1998, 『남북 언어 통일 방안 연구』, 문화관광부.

찾아보기

▌Abstract▐

The Unification of South and North Korean Vocabulary

Kwon Jae-il

Due to differences in the political and social systems as well as differences in language policy, the vocabularies of South and North Korean have significantly diverged since independence from Japan. This book explores the results of previous combined efforts by both two Korea toward the unification of this divergent vocabulary and suggests processes and directions for further consolidations of such vocabulary.

This book observes the linguistic disparities between the two forms of Korean in terms of phonology, grammar, vocabulary, discourse, and orthography. After suggesting an analysis of the lexical differences by type, this author categorizes the results of the lexical unification activities by South and North Korea. The first category includes the results of discussions regarding lexical issues, resulting from several academic conferences held by both South Korea's the National Institute of the Korean Language and North Korea's Academy of Social Sciences, Linguistics Institute. The second category consists of the compilation of the Gyeoremal Keun Sajeon (Great Nation Language Dictionary). Scholars from both two Korea met face-to-face on several occasions for the compilation of the Gyeoremal Keun Sajeon and thereby making efforts to consolidate both vocabulary and orthography. The third category consists of efforts by South and North Korean scholars to unify the vocabulary of several specific categories; e.g. sports, computer/IT etc.

This effort to unify the vocabularies of South and North Korean is an extremely worthy cause, for by preparing a standard vocabulary, that South and North Koreans can use together, we prepare for a future reunification of the two Korean.

| 저자 약력 |

권재일

서울대학교 인문대학 언어학과 및 대학원 언어학과 졸업(문학박사)
(현) 서울대학교 인문대학 언어학과 교수

저서: 『국어의 복합문 구성 연구』(1985), 『한국어 통사론』(1992), 『한국어 문법의 연구』(1994), 『한국어 문법사』(1998), 『언어학과 인문학』(1999, 공저), 『국어지식탐구』(1999, 공저), 『한반도와 중국 동북 3성의 역사 문화』(1999, 공저), 『한반도와 만주의 역사 문화』(2003, 공저), 『구어 한국어의 의향법 실현 방법』(2004), 『20세기 초기 국어의 문법』(2005), 『허웅 선생의 우리말 연구』(2005, 공저), 『말이 올라야 나라가 오른다』(2005, 공저), 『우리말 연구의 이론과 실제』(2005, 공저), 『남북 언어의 문법 표준화』(2006), 『인문학의 학제적 연구·교육 현황과 활성화 방안』(2006, 공저), 『우리말의 텍스트 분석과 현상 연구』(2008, 공저), 『사라져 가는 알타이언어를 찾아서』(2008, 공저), *A Study of the Tacheng Dialect of the Dagur Language*(2008, 공저), 『문법 교육론』(2010, 공저), 『중국의 다구르어와 어웡키어의 문법－어휘 연구』(2010, 공저), 『언어의 이해』(2010, 공저), 『중앙아시아 고려말의 문법』(2010), 『언어 다양성 보존을 위한 알타이언어 문서화』(2011, 공저), 『알타이언어 현지조사 질문지』(2011, 공저), 『북한의 ＜조선어학전서＞ 연구』(2012), 『한국어 문법론』(2012), 『세계 언어의 이모저모』(2013), 『허웅 선생 학문 새롭게 읽기』(2013, 편저)

역서: 『일반언어학 이론』(R. 야콥슨, 1989)

논문: 「현대국어의 동사구 내포문」, 「한국어 문법범주의 변화 양상과 언어유형론적 특성」, 「한국어 격틀 구조의 역사적 변화」, 「국어 정책과 국어 교육」, 「Auxiliary verb constructions in Korean and Khalkha Mongolian」을 비롯한 한국어 문법론, 문법사에 관한 140여 편

서울대학교통일학연구총서

01 북한체제의 형성과 한반도 국제정치
김세균 외 7인

02 북한 산업개발 및 남북협력방안 – 지리적 접근
박삼옥 · 허우긍 · 박기호 · 박수진

03 탈북 가족의 적응과 심리적 통합
이순형 · 조수철 · 김창대 · 진미정

04 남북한 환경정책 비교연구 1 – 자연환경, 자원 및 에너지
윤여창 외 6인

05 남북한 환경정책 비교연구 2 – 물환경, 대기, 폐기물, 도시계획
김정욱 외 4인

06 남북통합지수, 1989–2007
김병연 · 박명규 · 김병로 · 정은미

07 통일한국의 어린이 영양
이연숙 · 윤지현 · 심재은 · 장수정

08 북미 대립 – 탈냉전 속의 냉전 대립
장달중 · 이정철 · 임수호

09 네트워크 세계정치 – 은유에서 분석으로
하영선 · 김상배 엮음

10 김일성사회주의청년동맹과 조선민주녀성동맹 – 사회변동과 체제유지의 기제
이온죽 · 이인정

11 다플랫폼 다채널 시대의 통일방송
윤석민 · 배진아 · 곽정래 · 이현우 · 채정화

12 기초자료로 본 독일 통일 20년
임홍배 · 송태수 · 정병기

13 탈북인의 공 · 사적 관계와 의사소통
이순형 · 김창대 · 진미정

14 북한의 『조선어학전서』 연구
권재일

15 판례로 보는 남북한관계
이효원

16 **북한 경제에서의 시장과 정부**
김병연 · 양문수

17 **통일농업 성장보고서(1991-2009) - 남북농업 교류협력 평가와 발전방향**
최정남 · 김완배 · 리금 · 최장호

18 **남북한 교류협력 거버넌스의 구조와 동학**
정근식 · 정은미 · 강동완

19 **독일 통일과 여성 - 젠더 관점에서 조망한 독일의 분단과 재통일**
한정숙 · 홍찬숙 · 이재원

20 **북한사회와 굴절된 근대**
박경숙

21 **북한이탈청소년과 남한청소년의 도덕성, 법의식과 권위 인식**
이순형 · 김창대 · 진미정